岐阜弁まるけ

神田 卓朗

風媒社

岐阜弁まるけ――目次

第二章　方言を勘考《かんこう》する

まえがき

岐阜弁といえば、こんな話を思い出す。岐阜市出身のA子さんが夫の転勤に伴い、二年間東京で過ごしていた頃のこと。ある日A子さんは、子どものB子ちゃんを連れて、自宅近くの公園に行き、知り合いのC夫人と立ち話をしていた。そのうちに友達と遊んでいたB子ちゃんが公園から道路に出ようとしたので、A子さんが「B子ちゃん、あかんよ、こっちこやー！」と声をかけた。するとC夫人は、感心したようにこう言った。「A子さん、流ちょうな関西弁をお話になるのねぇ」。A子さんは内心「ええっ?! 関西弁!?」と思ったが、そうか、この人には関西弁も岐阜弁も同じように聞こえるんだ……と思い、「ええ、はぁ」とあいまいな返事をしたという。状況は違っても、岐阜弁について似たような経験をした岐阜出身者は、他にもいることだろう。

東京のじん（＝東京人）はともかく、では岐阜のすぐ近くの名古屋のじんはどうなのか、試しにDさんに岐阜弁のイメージについて聞いてみた。Dさんは「岐阜弁？ そんなのあるの？」という何とも残念な答え。もう一人、名古屋のじんEさんに聞いてみると、「初めはイメージはなかったけど、耳にするようになると名古屋弁よりはやわらかい感じがする」とのことだった。

そこで、もう少しことばに強い名古屋のじん服部勇次さんに伺った。服部さんは音楽家であり、わらべ歌研究家で、名古屋弁を全国に広める会（きゃー）の理事でもある。服部さんは、「岐阜弁と尾張弁は、ニュアンスがよー似てござるんだわ。例えば岐阜の『行こまい』は名古屋では『行こみゃー』になるし、『たいかい』は『てゃーきゃー』、『まーはい』は『みゃーひゃー』、『おそがい』

は『おそぎゃー』というふうに発音がちょっと変わるけど、ことば自体（じてゃー）は共通しとるわなも」と説明してござった。

そうなのである。地理的にも近い岐阜と愛知、とくに美濃地方と尾張地方は長い歴史の中で、語い・語法・音韻・アクセントなどで構成する方言の関係も近く、研究者の間では岐阜県の「ギ」と愛知県の「ア」を取って「ギア方言」と呼んでいるほど。両県のことばは親戚関係にあると言っても不自然ではない。

なので岐阜・愛知両県民の愛用する共通方言の「たーけー！」などは、お互いにそのニュアンスがとても伝わりやすい。また名古屋のじんは、「だだくさ」とか「机、つって」「ちゃっと、まわししやー」「ご無礼します」「ちょーすいとる」などのように「でゃーてゃー、名古屋と変わらんがね」と感じる方言が多いことにも気がつくはずだ。さらに三重県のじん、とくに桑名市や四日市市などの北勢地方のじんたは、タイトルの「岐阜弁まるけ」の「まるけ」も同じ意味で使っているし、「あかん」「いかん」「えらい」「づつない」「よーさ」などは「一緒やん」と思った三重県人も多いはず。

このように岐阜弁と名古屋弁は特に近い関係にあるのだが、それにしても河村名古屋市長に代表されるミャーミャーと目立つ名古屋弁（下町ことばだが）に比べると、岐阜弁はどうも影が薄くてマイナーな存在である。しかし岐阜のじんたはそんなことにあまりこだわってはいないようだ。ただ岐阜のじんたの岐阜弁への愛着は間違いなく強いと思う。

もと大阪人の私から見ると、長年暮らしている岐阜のことばは東西方言が入り混じっていてなかなか面白いし、ユニークなので、長い間「岐阜弁の世界」にはまり込んでいるともいえる。かくいう私と岐阜弁の出会いは古く、京都の学生時代に遡る。

全く偶然だったが、当時私大の放送サークル仲間に誘われて、高山市に本社がある濃飛バスで、二年続けて夏休みに観光バスガイドのアルバイトをしたことがあった。主に乗鞍スカイラインや新穂高、上高地などに向かう観光バスだったが、このバイト中に特徴的な飛騨のことばが自然に耳に入ってくるようになった。

印象に残っているのは「くやしい」「しゃくだ」「思い通りにならない」という気持ちを表す「あー、はんちくてー」や、「駄目だ」「いけない」という意味の「だしかん」、それに「申し訳ない」「気の毒だ」を含め幅広いニュアンスを持つ「あれ、こーわいさー」などの、いかにも飛騨らしいことばであった。

中でもバイト仲間と入った高山駅前の食堂のおばさんが、言うことを聴かない子どもに対して激しい口調で怒鳴った「この、くそだーけ！外へ行きねー！」という声が、インパクトが強かったせいか未だに耳に残っている。これが私の飛騨弁入門、つまり岐阜弁入門の記念すべき日であった。

その後岐阜放送に入社し、当初は岐阜のことばが分からず頭上を？？マークが飛んだり、まごつくことも少なからずあった。取材先で名刺を交換してインタビューが済んだあと、「神田さん、おまはん、ざいしょは、どこやな？」と聞かれたが、初めはこの「ざいしょ」が分からなかった。

放送の仕事で、毎日様々なジャンルの人と会い、また職場の仲間との日常的なやりとりもあるので、新しい岐阜のことばとの出会いの連続であった。「なかなか覚わらんのやて」「何とか、かんこうしてくんさい」「ほかっても、えーよ」「かんちゃん（筆者のこと）、どーやて？」「がばりをおとらかしてまった」「鍵、かっといてね」「あのじんは、おーちゃくいでかん」などなど。初めて耳にすることばや、意味の分からないことばは、ノートに書くようにしたので、二〜三カ月もすると岐阜弁ノートのようになり、これを続けることにした。

やがてアナウンサー生活も長くなり、テレビやラジオの様々な番組を経験するうちにラジオ番組「今小町発ナイスデイ」や「まーへー3時半？」というレギュラー番組を担当した。両番組ともそれぞれ特色があったが、岐阜弁情報をはじめ全国の民放各局やコミュニティーFMと結ぶ各地の方言講座のコーナーと、放送エリアの岐阜・愛知・三重・滋賀各県の百十七人のレポーターが各地の話題を紹介する「ふるさとネットワーク」のコーナーは共通していて、地域に密着した人気のある楽しい内容だった。

このうち「まーへー3時半？」は、リスナーとの岐阜弁情報のやりとりがとても面白く、盛り上がったものだ。この番組が新番組として始まる数カ月前に、東京に本社があるテレビ・ラジオ番組を紹介する月刊誌の女性担当者から連絡が入った。編成部から回ってきた電話を受けた私に、「新番組のことでお尋ねしたいんですが、番組のタイトルの『まーへー3時半？』の『まーへー』というのはミスプリでしょうか？　正しくは何て言うんでしょう？」という問い合わせである。筆者が「いや、これはミスプリじゃありませんよ」と答えると、「えっ!?　じゃぁどういう意味なんですか」と聞く。

「『まーへー』は岐阜弁で『早くも』とか『もう』ということですから、『まーへー3時半?』は『もう3時半なの?』という意味になる地元では正しい表現です。ですからこのままでOKです」というと、「あ、そういうことだったんですか、失礼しました。良く分かりました。では、タイトルは元通り『まーへー3時半?』ということで宜しくお願いします」というようなやりとりで一件落着したのだった。岐阜弁の「まーへー」をタイトルに使った効果?が、番組開始前に「まーへー」こんな形で表われたのである。

岐阜弁と言えば少し古いデータになるが、二〇〇六年に岐阜市内の高校三年生の男女五十人と、平均年齢七十二歳のシルバー世代の男女五十人を対象に、岐阜の方言五十語を理解できるか、また使っているかについてアンケート調査をしたことがある。

その結果、シルバー世代のおじーさん、おばーさんは、岐阜方言五十語すべてを理解しているが、高校生たちは五十語のうち二十三語を分からないと答えた。高校生が分からなかった岐阜方言としては、「あんばよう、いざける、おそがい、おちゃんこする、おっさま、かざ、かたがる、ガンガン、かんこうする、くろ、けなるい、ごがわく、コベコベ、シカシカする、じじもも、ゾミゾミする、たいもない、づつない、ひきずり、ひとかわ(め)、もうやっこ、やっとかめ、らっしもない」があがっていた。このような「方言を知らない子どもたち」現象は、地域差はあるにしても、全国的に似たような状況が見られ、方言の衰退傾向を示している。

こうして若い世代が方言を使わなくなっているのは、①明治以来続く標準語教育によって全国的に共通語が浸透していること。②新幹線や飛行機などの交通手段の発達によって生活エリアが拡大し、方言を含む言語域も広がりを持つようになっていること。③かつて祖父母・父母・子どもの親子三代が同居していた時代は祖父母から孫に方言が伝わっていたが、核家族化という家庭環境の変化によって方言が伝わりにくくなっていること。④NHKのラジオ放送が大正末期に始まって九十年以上たち（民放は六十年）幼児の頃からラジオ放送やその後のテレビ放送を視聴してきた祖父母たちも既に共通語と方言のバイリンガル世代になっていること。⑤小中学校の学校教育では、教科書のわずか一〜二ページだけで「共通語と方言」の授業が済んでしまい、子どもたちは地域特有の方言を学ぶ時間がほとんどなく、方言を身につける機会に恵まれていないこと……などが背景にあると考えられる。

とはいえ岐阜県の出身者、岐阜のじんにとって自分のアイデンティティーである岐阜弁が、これ以上消えていかないように、代表的な方言は使いながら残していきたいものだと思う。その方策はそう簡単ではないが、NHKテレビの「半分、青い」で東濃弁、岐阜弁に関心が寄せられたように、まずは多くの岐阜のじんたに楽しみながら、懐かしく思い出しながら、笑いながら、岐阜のことば、岐阜弁に関心や興味を持ってもらおうと本書を企画した。

内容的には、第一章 岐阜弁おもしろエピソード、第二章 方言を勘考《かんこう》する、第三章 岐阜弁カルチャー講座、第四章 岐阜のことば小辞典の四項目で構成している。このうち第一章の「岐阜弁おもしろエピソード」は岐阜県出身者をはじめ他県出身者や外国人の県内在住者から話を取材したもの。拙著『岐阜弁笑景スペシャル』からも一部再掲載している。また第四章の「岐阜のことば小辞典」は、岐阜県内四十二市町村の教育委員会や各地域在住の個人などを対象に、それぞれの地域で今使われている＝生きている方言を中心に調査を行い、まとめた内容をアイウエオ順に並べた。

この本を読んだ読者の方々が「そーなんやて、そーゆーことがあったあった」とうなずいたり、「標準語やと思っとったけど、これも岐阜弁なんかな？」とか、「なーつかしいことばやなも、おばーちゃんが話しちょった」などと、めいめい独り言を言ったり、家族や友人たちと笑い合ったりして、ふるさとの文化そのものである岐阜弁の良さや豊かさ、楽しさや奥深さを見直すきっかけになれば幸いである。

神田卓朗

第一章

岐阜弁おもしろエピソード

方言には、他県の人には意味の分からないことばや、共通語と同じことばでも意味が全く違うことば、誤解を生むようなことばがあり、コミュニケーションの途中で「?」マークが浮かんだり、空白タイムが生まれたりすることがある。岐阜県の方言=岐阜弁についてはどうだろうかと、県内外および国外の出身者に取材したところ、多くの方から実際の楽しい体験談をお聞きし、それらに基づいた「岐阜弁おもしろエピソード」をまとめることができた。順にご紹介しよう。

「最近、**ざいしょ**に行っとるかね？」「ご在所岳？」

京都出身のF先生は、岐阜の高校に勤めて十年以上になるが、勤務しはじめた頃にこの高校で体験した岐阜弁エピソードだ。

ある日、高校の職員室でF先生が次の授業の準備をしていると、上司のG先生が、「F先生、最近ざいしょに行っとるかね？」と声をかけた。岐阜の言葉にも少しずつ馴染んできたF先生だったが、「ざいしょ」は初めて耳にした言葉だった。

てっきり、三重県の御在所岳《ございしょだけ》のことだと思い、「いや、まだ行ってませんけど」と答えた。するとG先生は、「ちゃんと行かなあかんぞ。親さんも気にしとるやろーで」と言う。F先生は、それでも「そんなに、ええとこなんですか？」とトンチンカンなひと言。御在所岳は、すごくおすすめの場所なんだと勝手に思い込んで

しまった。

　このやりとりを横で見ていたH先生が、「F先生、ざいしょとゆーのは実家のことやぞ」と助け舟を出した。これを聞いて「あ、そーゆーことやったんですか。実家やったら、ぼく京都ですけど」というと、上司のG先生が「そーか京都か、えーとこやなも」と、話が京都に移ってしまい、「ざいしょ」の話は、どこかへ行ってしまった。

　学校から帰宅したF先生は、さっそく、同じ京都出身の妻A子さんに、「あんたなぁ『ざいしょ』って知っとるか!?」と聞いた。A子さんは「ざいしょて、あのご在所岳のこと?」というので、F先生は「あんたもそう思うやろ? それが違うんや。実家とかふるさとのことなんやぞ」と、さも以前から知っていたかのように、得意げに説明するのだった。

　「ざいしょ」は「在所」と書き、江戸時代の近松門左衛門の「曽根崎心中」にも出てくる古語。岐阜の方言としては、①自分の住む地域、②生まれた土地・出身地、③嫁の生家・実家、④田舎・故郷・地方……などの意味がある。「ざいしょ」は、母音のアとイが連続することによって「えァー」と発音する岐阜弁の法則によって「ぜァーしょ」と発音する。この発音によってオリジナル岐阜人かどうかが分かるという重要なキイ・ワードである。ちなみに文中の岐阜弁「親さん」は共通語では「親ごさん」。「ご」がつくかつかないかだけのことだが。

「たわけー！　なんでそれを出すんやてー」「？？？」

岐阜市出身で、各務原西高校教諭の竹内秀樹さんが、学生時代に何気なく話したことば「たわけ」がみんなに理解されず、本人もびっくりした体験談である。

岐阜北高校を卒業した竹内さんは、兵庫県西宮市にある関西学院大学に入学した。関学《かんがく》といえば、上ケ原キャンパスは、国の登録有形文化財になっている赤い屋根瓦とクリーム色の時計台を中心に、ウイリアム・メレル・ヴォーリズの設計によるスペイン風の建築物と、緑の広い芝生広場がマッチした日本有数の美しいキャンパスとして良く知られている。

竹内さんは、このキャンパスで文学部の学生として心理学を専攻し、その一方で同好会のテニス・サークルに入っていた。同サークルは男女二十五人ほどの学生が参加し、週に三回、阪急電車・塚口駅近くのテニスコートで練習していた。同好会とはいえ、走って足腰を鍛えたり、ラケットで素振りを繰り返す基本練習には汗を流しながらしっかり取り組み、部員同士のラリーも楽しいものだった。

このサークルでは、毎年夏休みになると恒例の合宿があり、竹内さんが二年生の夏は信州・軽井沢のテニスコート付きのペンションで行われた。二泊三日の合宿は、朝から夕方までテニスの練習漬けになるハードなスケジュールだった。一日目の夕食を終えたあとは、みんなそれぞれ部屋単位やグループごとにフリータイムを楽しんでいた。

竹内さんの部屋には男女の仲間七人が集まり、トランプの「大富豪」をやっていた。ちょうど竹内さんが、あと一枚で終わるという時に、隣の男子があるカードを出したため、竹内さんが山札からカードを四枚とられる状態になってしまった。手持ちのカードが増えてしまった竹内さんは、そのとき思わず叫んだ。「たわけー！ なんでそれを出すんやてー」

しかし一緒にゲームを楽しんでいたメンバーはほとんどが関西出身者だったせいか、全員キョトンとしている。隣にいた男子が「たわけ、ゆーたら、それ時代劇の言葉か？」と聞くので、心の中で「ええっ?! たわけ、通じんのか？」……とびっくり。「たわけ」は岐阜では誰でも使う「アホバカことば」なんだとみんなに説明し、「タワケっちゅう言い方あるんやなァ」とみんな納得。竹内さんは、揖斐高校で教職について以来、六つの高校を異動したが、各校の教室でこの「た

わけ事件」を紹介し、いつも生徒たちの笑いを誘うのだった。

「たわけ」の語源については、「昔お百姓さんが自分の田んぼや畑を子どもの人数で分けて与え、その孫の代、ひ孫の代へと同じことを繰り返していくと、それぞれの田んぼや畑の面積が狭くなるので、収穫量がわずかとなり、最後には家計が成り立たなくなってしまう。このような愚かなことを馬鹿にして『田分け＝たわけ』と呼ぶようになった」というような説明を聞いた人も多いと思う。比較的、説得力のありそうな話だが、この「田分け＝たわけ」説は？マークがつきそうだ。「たわけ」は、古語の「たはく（戯く）」（動詞）がルーツ。「たはく」は、①正常でないことをする・特にみだらな行いをする、②愚かなことをする・ふざける・馬鹿げる……の意味。この名詞形の「たはけ（戯け）」は、①みだらな行い、②愚かなふるまい、③愚かな者・馬鹿者……の意味なので、現在の「たわけ」は、「たはけ」の③の後継者ということになる。「たわけ」については、「第二章 方言を勘考する」の『岐阜県内では「タワケ」愛用率がナンバー１』（１５３頁参照）でも紹介している。

「おまはん、このめーは、すまなんだなも」「オマハ?」

「ざいしょ」であるオーストラリアの広大な牧場で育った岐阜女子大学教授の山中マーガレットさんが、独身時代に体験した岐阜弁びっくり体験談である。

一九八〇年、マーガレットさんが関市の短大で英語の専任講師をしていた頃のことだった。当時、今のご主人の山中吉典さんとつき合っていたマーガレットさんは、晩秋のある土曜日の午後、彼の案内で関市内にある山中家を訪れた。

家には、彼の母親の房子おばーちゃんをはじめ、弟の孝さん、姉和子さん夫妻と二人の子どもたちがいて、マーガレットさんを賑やかに出迎えてくれた。こたつの上のミカンを食べ、せんべーをかじり、お茶を飲みながら、「オーストラリアのどこから来たの?」「どんなとこ?」「日本語は?」「おすしとかてんぷらとかは食べる?」「納豆は大丈夫?」「東京や京都や富士山は?」など外国人に対するおなじみの質問が相次ぎ、楽しい会話がはずんだ。

そんな最中、おばーちゃんが和子さんの夫に向かって「おまはん、このめーはひまぜーかけて、すまなんだなも」と声をかけた。おばーちゃんが何を言ったのかさっぱり分からなかったが、マーガレットさんには「おまはん」ということばが、アメリカ・ネブラスカ州最大の都市「Omaha(オマハ)」と聞こえた。

その時彼女の頭の中はこうだった。Why has the conversation suddenly changed to America?! 日本の小さな町の家族の間で、どうして急にあまり縁もなさそうなアメリカの話になったのかが分からず、とても不思議だったという。

そのあと、みんなでマーガレットさん歓迎の夕食をとり、楽しいひと時を過ごした。山中家の家族に別れを告げたマーガレットさんは、彼の運転する車で当時住んでいた岐阜市に向かった。車中、彼女は山中さんに英語で「みんなでアメリカのどんな話をしていたの?」と聞いたところ、彼は「いや、アメリカの話なんかしてないよ」と答え、話はかみ合わなかった。

それから数カ月後、山中家に時々遊びに行くようになったマーガレットさんは、おばーちゃんが家族に対して「おまはん、そこの新聞とってくんさらんかな?」「おまはん、すまんが回覧板、隣のうちに届けちょくんせー」「おまはん、夕飯のまわしはえーか?」というように「おまはん」を連発しているのに気がついた。

「なーんだ、オマハ（Omaha）じゃないんだ。Ｙｏｕのことを『おまはん』て言うんだ」と自ら学習したのだった。

歳月と環境は人を変え、マーガレットさんは今、教授職の仕事の一方、家庭では可愛い孫たちに対して、房子おばーちゃん直伝で、「おまはんた、手がよごれちょるんやねーかな？ ごはんの前やで、ちゃっと手を洗っとりゃー、えか?!」と見事な関弁まるけ（だらけ）の生活を送っているのである。

マーガレットさんが当初「Omaha」と間違えた「おまはん」は、目上の「あなた」を指す。岐阜県内では、岐阜市や関市および周辺で「おまはん」、本巣では「おみゃ」も、郡上で「おまん」、恵那で「おまさん」などと言う。

なお、房子おばーちゃんが言った「おまはん、このめーは、ひまぜーかけて、すまなんだなも」の共通語訳は、「あなたに、この前は、貴重な時間を使ってもらって（何かを手伝ってもらったりして）、申し訳なかったですね」となる。

「あー、**はんちくてーなー！**」「何のことや？」

読売新聞名古屋本社の報道部長として活躍したあと、今は愛知県尾張旭市内の菊武学園本部に勤務する水口《みなくち》康彦さんは、中学生時代のバレーボールの試合の時に、思わず飛騨弁で叫んだ思い出がある。

水口さんは、川崎重工の社員だった父親の関係で高山市で生まれたが、全国から転勤してくる人たちのための社宅に住んでいたこともあって、比較的共通語が飛び交う環境で育ったことになる。しかし、小学校卒業までは高山市内で過ごしていたので、周りは飛騨弁まるけ（だらけ）であった。

その後、小学校の卒業と同時に父親の転勤に伴って岐阜市の中学校に進むことになった。そのことを知った小学校の同級生の女の子から「水口くん、岐阜に行ってみんなの前で飛騨弁使うとタワケにされるから、気をつけないよ」と注意され、飛騨弁は絶対に使わないぞと固く誓う水口さんだった。

やがて伊奈波中学校（現岐阜中央中学校）に入学した水口さんは、そのころ勢いのあったバレーボール部に入部。身長が当時の中学一年生にしては高く、一七〇センチメートルを超えていたので前衛のポジションをまかされ、練習に励むようになった。

そんな中、岐阜市中学校バレーボール大会が開かれた。格下のB中学校との試合で一対一の同点の時、B中学の選手がサーブしたボールを伊奈波中の後衛の選手が拾い、パスして上げたボールを前衛の水口さんがスパイクしたが、残念ながらネットに引っかかってしまった。

「しまった、こんちくしょー」と思った水口さんは思わず禁断の飛騨弁「あー、はんちくてーなー！」と叫んでしまった。同じ前衛の仲間たちが「はんちくてー？　そら何のことや？」と聞いたが、説明する暇もなく次のプレーに移り、その後伊奈波中が追加点を挙げて結局三対一でB中学に勝った。

水口さんは「あの時は試合には勝ったけど、自分のプレーが駄目だったので、今でも思い出すと悔しい。それにああいうとっさの時には、同級生が注意していたけど、それこそ小さい時から使ってた飛騨弁がつい出ちゃうんだよなー」と笑いながら話すのだった。

「はんちくたい」には「くやしい」とか「残念だ」とか「しまった」とか「こんちくしょー」とか「思うようにならずイライラする」とか「じれったい」というようなニュアンスの意味がある。

「はんちくたい」または「はんちくてー」と言うが、同じ飛騨でも「はんしくたい」という地域もある。

「スルメが歯にこまってまった！」「歯に困る？」

Ｂ保険会社の岐阜支店に勤める兵庫県西宮市出身のＭさんが体験したユニークな岐阜弁エピソードである。Ｍさんが転勤で岐阜支店にやってきて、三カ月ほど過ぎた七月のことだった。

ある日、仕事を終えたＭさんは、職場の若い仲間たちと飲み会をひらくことになり、夜になると賑わう玉宮町の居酒屋に出かけた。「とりあえずビール！」ということで、乾杯したＭさんたちは注文した料理を食べ、飲みながらワイワイやり始めた。

しばらくすると、Ｍさんの向かいに座っていたＵ子さんが、口に手を当てて何か言っている。Ｍさんが「Ｕ子、どないしたんや？」と聞くと、マヨネーズを口の横につけたＵ子さんが「スルメが歯にこまってまったんやて」と言う。

「スルメが歯にこまった？ そら、どういう日本語や!?」とMさんが聞くので、U子さんは「スルメが歯にはさまることやて。まんだ歯にこまってまって、とれーへん」と言いながらつまようじでスルメの取り除き作業に熱中している。「そうか。そら、スルメが歯にこまってまったら、困るわなァ」と、Mさんが真似をして言ったので、みんな大笑い。

「こまる・こまった」は、「困る・困った」ことではない。「こまる（込まる）」は、「すきまにはさまる・ひっかかる・つまる」などの意味で、主に食べ物が歯にはさまったような場合に使われている。ただし「スルメが歯にこまってまって、困ってまった」という駄洒落のような言い方はしない。岐阜弁はそのあたりのことはわきまえているのである。

「あのじん」てどういう意味？

名古屋市出身で、三重県菰野町に住む主婦の早野まゆみさんは、若いころ山中まゆみの名前で岐阜放送の人気パーソナリティーとして活躍していたが、初めて担当するラジオ番組の時に「あのじん」という岐阜弁と出会った。

当時「ともだち」事務所所属の駆け出しタレントだった山中さんは、岐阜放送の「そらきたジャンジャカ110分」というラジオ番組で、メインパーソナリティーの露野小次郎さんのアシスタントを担当していた。

名古屋から岐阜に通うようになった山中さんは、岐阜出身の番組関係者たちと話しているうちに、「岐阜弁て名古屋弁とそんなに変わらんがね。ほんだであんまり違和感もないんだわ。名古屋弁を関西風にしたみたいな感じかなー」と適当なことを言っていた。

彼女が担当する番組の提供スポンサーーは、当時の岐阜南郵便局の近くにあったジーンズショップ・ウエルジン。スポットCMソングとして良く流れていたフォーク調のこの曲には「あのじん、このじん、ウエルジン」という親しみやすい岐阜弁のフレーズが入っていた。

山中さんは、この曲で「あのじん」ということばを初めて聞いたのだが、さっぱり意味が分からなかった。「なーにー、これ？分からんがね。タケさん、あのじんてどーゆー意味？」と、番組担当の伊藤武夫ディレクター（当時）に聞くと「あの人という意味やがね」と言う。

つまり、岐阜弁の「あのじん、このじん」は、「あのひと、このひと」ということだが、「じん」で韻を踏みながらスポンサーの「ウエルジン」まで「じん」揃えにしたＣＭソングだった。山中さんは、この番組を通して明るく賑やかでさっぱりしていて、若い女の子にしては多少品のないのも買われ、やがて夜の人気ラジオ番組「ヤング・スタジオ１４３０」のパーソナリティーとして大活躍する時代を迎えることになる。

「あのじん」は、年配の岐阜出身者なら日常的に使うポピュラーな言葉で「あのひと」「あの方」などの意味。もともとは尊敬する人をさして使われていたようだが、今では幅広く活用されている。「あのじんは、しゃべりやすいじんやよ」などという一方、「あのじんは、どえれー立派なことを言っとらっせるけどなー」などと、皮肉をこめて言う場合もある。

「僕が呼ばってこようか」「夜這《よば》いしてくるのか?」

美濃市出身で、現在同市市史編さん委員の古田憲司さんが、金沢での学生時代に友人たちに言ったことばが、とんでもない意味にとられた体験談である。

古田さんは、当時金沢大学○学部の学生だった。四年生のある日、ゼミ担当の教授と男女ゼミ学生十数人が卒業アルバムの写真を撮る予定で、昼食後に○号館の二階にある共同研究室に集まることになっていた。

やがて集合時間になり、みんなが共同研究室から写真を撮る予定の○号館の玄関に移動したが、二人の学生がいないのに気がついた。二人はつい先ほどまで研究室にいたので、古田さんが他県出身の仲間のゼミ生A君に「○○と□□は、僕が呼ばってこようか?」と声をかけた。するとA君は、ニヤニヤ笑いながら見るからにいやらしい表情をして、「古田、夜這いしてくるのか?」と言った。古田さんは顔を赤らめながら、「いや、そういうことじゃなくて、二人を呼んでこようかって言ったんだ」と説明したので、みんなも納得。その時、古田さんは、『呼ばって』は標準語じゃぁなかったんだ。うかつに『呼ばって』を使っちゃいけないな」と悟ったそうだ。

「呼ばる」は、「呼ぶ」の意味で平安時代から使われている由緒正しい古語である。古田さんの場合は、「呼ばって」＝「呼んで」ということになる。他の例で「こんどお茶に呼んでまえんかな？」や「タバコ一本呼んでくんせー」というと「ご馳走して」や「分けて」の意味となる。この「呼ばって事件」は、古田さんにとっては、苦笑いするような青春時代の思い出となっている。

「おばあちゃんが、おひまいただいたで」

岐阜市出身で結婚したあと、羽島市に住んでいるA子さんは、夫と二人の子ども、それに夫の両親との六人家族である。ある日の午後、A子さんの自宅に親戚のBさんから電話がかかった。

「おじいちゃん、おんさるかな？　畑に行っとらっせるかな。ほれじゃ、うちのおばあちゃんがおひまいただいたで、そっちのおじいちゃんにすぐ来てまえるよう伝えてもらえんかな？」ということだった。A子さんの家のおじいちゃんと、Bさんの家のおばあちゃんは兄妹である。A子さんは「はい、分かりました」と言って電話を切った。

この時、A子さんはおばあちゃんがヒマになったということだから、まァ急ぐこともなさそうだし、おじいちゃんが畑から帰ってから言えばいいだろうと軽く考えていた。やがて、外出先から帰ってきたA子さんの家のおばあちゃんと話をしていると、偶然Bさんのおばあちゃんの話になって、A子さんは先ほどの件を思い出した。

「そういえば、さっき電話があって、Bさんのおばあちゃんがヒマになったから、おじいちゃんに遊びにきてほしいって言ってましたけど」と言うと、おばあちゃんの表情が変わり、「なにな、まーいっぺん、くわしゅー言ってみやー」と聞き直した。

A子さんは「えーっと、Bさんのおばあちゃんがおひまいただいたで、うちのおじいちゃんにすぐ来てまえんかな?って言ってたと思うんですけど」と答えた。すると、おばあちゃんは「それはあんた、Bさんのおばあちゃんが亡くならっせたんやわ。はよ、おじいちゃんに言ってこやー。えか。お通夜とお葬式になるやろし、わっち、これから美容院へ行ってくるで」。驚いたA子さんは、慌てて裏の畑におじいちゃんを呼びに行ったのだった。

「おひまをいただく」とは、いささか古風な言い方だが、例えば昔なら長く働いていた商店や会社などを辞める時に「長い間お世話になりました。これでおひまを頂戴致します」と言ったり、知人などに「今月限りでおひまをいただくことになりました」などと挨拶をする時のことばである。A子さんならずとも「亡くなる」意味だと聞くとビックリするが、Bさんのおばあちゃんは、確かに永遠におひまをいただいたわけである。

「道路が凹《へこ》んで、**かんかなーでかんわ！**」

愛知県刈谷市出身の岡田英隆さんは、今から二十五年前、多治見市の職員になったばかりの頃に、早口の東濃弁がさっぱり分からず、閉口したことがあった。

新人の岡田さんは土木課の配属となり、市民から市道に関する苦情や要望の電話がかかると、現場にかけつけては問題の処理に当たっていた。またその種の電話も良くかかってきていた。

その年の五月某日、市民から苦情の電話が入り、「道路の舗装が割れて、つまづいたりして、あぶないでかん」とのこと。電話の人がお年寄りのせいか早口の東濃弁で「道路に穴があいてへこんどって、かんかなー。水たまりもできとっ

て、車が走ると水しぶきがかかってまって、かんかなー」とまくしたてるように言う。

さっそく岡田さんが、係長と二人で現場に出かけてみると、次から次へと車が行き交うような道路ではなく、幅五メートルほどの狭い一車線の生活道路で、確かに道路に穴があいていて水もたまっている。岡田さんが電話をかけてきたお年寄りに「いやー、結構凹んでますね。これは危ないし、早急に穴埋めの対応をさせていただきます」というと、「ほーやてー、はよやってー、かんかなーでかんわ」と、初対面にしてはご近所同士のような親し気な口調で頼むのだった。

その後市役所内で担当部署が変わっても、人柄が良く話しやすいタイプの岡田さんは、市民の様々な苦情や要望に対してソフトに接し、まくしたてるような人にも上手く対応してきた。また地元の多くの人と接することで、早口の東濃弁のヒヤリングもできるようになった今日この頃である。


「かんかない」または「かんかなー」は、「どうしようもない、仕方がない、手に負えない」という意味で、多治見をはじめ恵那や飛騨地方でも聞かれる言葉。語源は「勘考がない」という説もある。「かんかなーでかん」となると「どうしようもないので駄目だ（いけない）」という強調された表現になる。

「おまん、かわいんなァ」「私って、可愛い？」

郡上市八幡町に住む染色家E子さんが、名古屋から引っ越してきた翌日、荷物の整理に追われていた時の郡上弁思い出話だ。

ある年の九月初旬、夫の転勤に伴いE子さん一家は、名古屋市から八幡町に引っ越してきた。引っ越し当日のうちに、大まかな作業は済んだが、たくさんの段ボール箱が残っていた。翌日の朝、仕事に出かける夫と小中学校へ行く子どもたちを送り出したあと、玄関の戸を開けたまま、E子さんは、段ボール箱群の整理を始めた。

九月の残暑の厳しい中、作業を進めて一時間ほどたったころ、表を通りかかった近所のおばあさんが「おまん、一人で片付けよるんか？」と声をかけた。汗をぬぐいながらE子さんが「ええ、何とかやってますけど」と答えると、おばあさんは「かわいんなァ、かわいんなァ」と言う。

その時E子さんは心の中で「かわいい？ 四十いくつになっても、私ってそんなに可愛いかしら？ 嬉しいことを言ってくれるおばあさん」と思ったそうだ。ところがよくよく聞いてみると、おばあさんは暑い中を、一人で段ボールの山と取り組んでいるE子さんを見て、「気の毒に大変だね」「可哀そうに」というニュアンスで言っていることが分かった。

その日の午後、学校から帰ってきた中学生のS夫君に「お母さん、今日かわいいって言われたのよ」と、いきさつを説明した。するとS夫君は「そうなんだ。ぼくも今日学校で友だちと話してると、クラスのJ子さんのことを友だちが『あの娘（こ）かわいんなァ』って言ってた。でもその娘が可愛いとかきれいと言うより『可哀そう』みたいな意味で話してたよ」と報告した。

初めの頃は、名古屋から車で一時間半ぐらいの距離なのに、ずいぶん言葉が違うなァとおもっていたE子さんも、今では郡上踊りとともに、自然な郡上弁をかなり使えるようになっている。

郡上・飛騨両地方の「かわいい」は、共通語の「可愛い・可愛らしい」とは違い、「かわいそうだ・気の毒だ」の意味で使われるのだが、E子さんのような都合の良い誤解が生まれやすい。ちなみに他県の方言「かわいい」には、「恥ずかしい・きまりが悪い」「小さくて立派だ・結構だ」「賢い」などの幅広い意味がある。

「今日は、えれーわ!」「誰が偉いの?」

美濃加茂市出身で、日本経済新聞社文化部の記者・近藤佳宜さんは、大学生になったばかりのころ、友だちに「今日は授業が多くて、えれー」と言ったところ、「誰が偉いの?」と聞き返されたことがあった。

近藤さんが早稲田大学法学部一年生の時の思い出話である。一年生は、できるだけ単位を取っておいた方が良いと言われていたので、専門科目の憲法や刑法、民法のほか、必修の英語を含めて、授業は一日五~六コマあった。その中でも四十人くらいの受講生がいた英語の科目は、「眺めの良い部屋」という映画の脚本をもとに、セリフを英語で発音し、演技をするというユニークな授業だった。

ある日、授業のあと、教室で知り合い友人になったばかりの茨城県出身のA君と、熊本県出身のB子さんと一緒に学食に向かった。五百円のワンコインランチの定食セットをテーブルに運び、食事を始めた三人は、スタートしたばかりの大学生活あれこれについて、お互いの情報を交換するのだった。

A君 「近藤君は、どんな講義をとってるの?」

近藤「今日は、専門科目と英語のほかは、哲学と西洋史と外国法と環境法の六コマ」
B子「たくさんあって、大変だよね。」
近藤「うん、今日はほんとに、えれーわ!」
A君「えらい?」
B子「ね、誰が偉いの? 何が偉いの?」
近藤「あ、そーか、違うんだ。えれーって言ったのは、誰が偉いとかそーゆーことじゃなくて、大変だとか、疲れたということなんだ」
A君「なんだ、そーゆー意味だったのか!」
B子「そんなの、初めて聞いたなー」

こんな会話をしていた三人も、それぞれ卒論を書いて単位をとり、やがて卒業とともに東京で就職。A君は裁判官、B子さんは広告代理店・電通のディレクター、近藤さんは新聞社の記者として活躍しているが、時には近藤さんが「仕事がえれー

ワシは
偉いのじゃ
殿、
お疲れでしたら
お休みになられて

から集まろう」と呼びかけ、三人でミニ飲み会を開き、交友関係を深めている。

『広辞苑』によると、「えらい」は、①優れている・人に尊敬される、②普通の状態よりはなはだしい・ひどい、③思いもかけない・とんでもない、④苦しい・つらい・痛い……の意味に分かれていて、④の例として「坂道を上がるのがえらい」と記載されている。東京を含め地域によっては、①②③の意味は共有しているものの、④の「苦しい・つらい・痛い」などの意味では使わないため、近藤さんのように理解されないことがある。

『広辞苑』の例を岐阜弁で言うと、①えれーじん（偉い人）、②どえれー寒い（とても寒い・めっちゃ寒い）、③えれーことになってまった（大変なことになってしまった）、④坂道をあがるのはえれーなァ（坂道を上がるのは疲れるなァ）……となる。このように岐阜弁の「えらい」または「えれー」は、大辞典通りの正しい理解と使い分けをしており、懐の深い「えれー」方言であることが分かるのである。

「お茶会の紋付き、A子さんにあつらえるで！」

兵庫県芦屋市出身で、岐阜市本郷町にあるクララザールじゅうろく音楽堂の前身のコンサートホール「クララザール」を主宰していた故・真鍋操さんの岐阜弁思い出話。これはご本人が健在だった頃に伺ったエピソードである。

一九六四年（昭和三十九年）ごろのことだった。当時操さんは、岐阜出身の夫（故・英夫氏）の病院勤務の関係で京都市に住んでいた。当時は夜八時過ぎになると、岐阜に住む夫の母親からよく電話がかかっていた。息子夫婦に電話代を負担させたくないという母親の思いやりだったのだが、用件を伝えたあと、何か必要なものはないかと聞くのが習わしのようになっていた。

ある日、帰宅した夫が言った。「来月の初めやけど、病院の院長先生と一緒に○千家の茶会に呼ばれたで、お茶の紋付きがいるぞ」。操さんが「それはそれは。でもうちにはお茶会用の紋付なんてありませんわ」と答えると、夫は「確か岐阜の家にあったたんやないかなぁ」と言い、「それじゃ、お義母さんに聞いてみましょう」ということになった。

その夜八時すぎに、ちょうど母親から電話がかかってきた。「実は、英夫さんが今度お茶会に出ることになりましてね、お茶会用の紋付きがいるんですよ。そちらにありますか？」と尋ねた。母親は「お茶会の紋付き？　ああそんなら、お父さんのがあるわ。今月の中ごろにちょうどA子さんがそっちに行く予定やで、A子さんにあつらえるで」と言った。

操さんは、「あつらえる」ということは、注文して新しく紋付を作るのかと思ったが、話を聞いているとどうも違うようだと気がつき、途中で夫に電話をかわった。そのあと、夫から岐阜弁の「あつらえる」とは「ことづける」ことだと教えてもらい、「そんな意味でも使うんだ」とびっくりしたものだった。

「あつらえる」は、「頼む・頼んでさせる」の意味の古語「あつらふ(誂ふ)」が語源。方言の「あつらえる」には、①託す、②預ける、③差し上げる……の意味がある。このうち今回の「あつらえる」は「託す」または「預ける」ことになる。「託す」と「預ける」という意味では、岐阜、静岡、新潟、山形、青森に分布し、「預ける」はさらに秋田、北海道にも広がっている。郡上市周辺では、③の「差し上げる」意味で「あっと、あつらえるのが、ほっとやけんど」などと言い、①②の意味と共に愛用されている。

「ご無礼します」「ござった」……時代劇？

千葉県茂原市出身で、大垣市船町にある「奥の細道むすびの地記念館」学芸員の山﨑和真さんは、日本近世史が専門分野だが、職場の仲間とのやりとりで時代劇に登場するような方言に驚いたことがある。

山﨑さんは、本来の所属が大垣市教育委員会文化振興課なので、日ごろ同課の職員や記念館の職員と接しているが、四年前に学芸員になったばかりの頃、毎日夕方になると職場の人たちが決まって「ご無礼します」と言って帰るのに気がついたという。

「失礼します」という意味だとは分かるのだが、「ご無礼します」という言い方自体が彼にとっては聞きなれない表現だ。「ご無礼」というとテレビの「水戸黄門」の中の「無礼者！控えおろう！この印籠が目に入らぬか?!」的な時代劇のイメージがあったので、夕方になると突然相次いで飛び出す生きた化石のような「ご無礼します」に、強いインパクトとカルチャー・ショックを受けたのだった。

そしてその第二弾は「ござった」である。ある時、山﨑さんが廊下ですれ違った同僚のAさんにたずねた。「○○さんは、部屋にいますか？」するとAさんは「確か資料づくりでパソコンに入力してござったよ」と答えた。山﨑さんは内心「ござった？またまた時代劇の世界だ」と思ったのである。

「ご無礼します」も「ござった」も、他県出身者には今どき珍しいことばに聞こえる。「ご無礼」は、①帰る時や別れ際に「ではこれでご無礼します」というのがお決まりのことばになっており、②風呂上りに「お先にご無礼しました」というのも決まり文句である。丁寧で風格のある表現だが、岐阜県内では余りにも日常的なので方言という感覚はなく、年齢を問わず今なお愛用者は多い。

「ござる」は古語の「ござある」の略。「居る」「行く」「来る」の尊敬語で「いらっしゃる」「おいでになる」ことを示す。「ござった」「ござったら」「ござらん」などと活用し、さらに敬語的な表現として「ござらっせる」「ござらっせた」などがある。こんなことは岐阜のじんなら誰でも知ってござるわなも。山﨑さんは、その後も「机をつる」や「B紙」「ざいしょ」「～してみえる」「まわし」などの岐阜弁や、「お**な**まえ」など岐阜式アクセントとの初めての出会いが続いている。

「ケッタで行こけ!」「ケッタって何だい?」

元ぎふチャン・アナウンサーで岐阜市議会議員の若山貴嗣さんが学生時代に体験した思い出のケッタ物語である。

若山さんは、大東文化大学法学部の出身だが、一年生の時は埼玉県にある東松山キャンパスで学んでいた。新緑が美しい五月のある日、授業が済んだ若山さんは、友人たちと学食で昼食をとりながら、夏休みに外国の家庭にホームステイをする海外短期留学について、パンフレットを参考にあーでもないこーでもないと話していた。

そのうちに若山さんのテーブルの向かい側にいた岐阜の同じ高校出身のAさんが「季節もいいし、どっか遊びに行こか」と提案したので、若山さんが、岐阜の出身同士という気安さもあって「そーだな、ケッタで行こけ」と言った。すると、新潟出身のBさんや大阪出身のCさん、それに横浜出身のDさんたちが揃って「ケッタってなんのこと?」と聞く。若山さんが「ケッタはケッタじゃないか」と答えにならないような返事をすると、他の三人は「だからー、そのケッタが分からないんだよ」と言い、同じことが何回か繰り返された。

岐阜出身のAさんが「ケッタってゆーのは、自転車のことだよ」と説明したので、やっと言っていることが伝わったが、今度は「行こけっていうのは行くの? 行かないの? 一体どっちなんだ？」と新たな質問が出た。結局「自転車でどこかに行こう」という正解で収まったのだが、大阪出身のCさんは「それにしてもケッタちゅうのも、けったいなことばやなァ」とオチをつけて、チャンチャンとなった。

ケッタは自転車のことだから、大昔からあった方言ではない。かつて担当していたラジオ番組の方言コーナーには、リスナーから数多くのケッタ情報が寄せられた。その中から拾ってみると、①一九六四年当時、ケッタということばはなく、十五年ほどして語感の新鮮なケッタということばがあっという間に流行りだした。②一九七〇年代にある女子中学生が当時のアニメ「ゲッター・ロボ」のオートバイ「ゲッター・マシーン」から、さえない先生が乗っている自転車を「ケッタ・マシーン」と読んだのが最初である。③名古屋発刊の本に「一九七〇年頃にケッタ・マシーンということばが頻繁に使われていた」と書かれている。……など、いずれも伝聞が中心であった。

「遊座さん、ためらって行きないね」

少し前に仕事をリタイアして、八ヶ岳や清里にも近い山梨県北杜市で悠々自適の生活を送る遊座（ゆざ）武さんが、朝日新聞高山支局長だったころの飛騨弁エピソードだ。

遊座さんは岩手県の出身で、一九七〇年に朝日新聞社に入社。以来、浦和支局を皮切りに札幌、東京本社、小倉、東京本社、札幌の順に転勤したあと、二〇〇〇年高山支局に支局長として着任した。五年間飛騨地方を取材した中で、連載した「穂高・山小屋日記」や、白川村「合掌造りの火薬工場」シリーズ、それに「台風二十三号の風水害」などの記事が記憶に残るという。

「穂高・山小屋日記」を書いた遊座さんは、また登山家としても知られ、飛騨の山々を含め、日本の三〇〇〇メートル峰二十一座のうち二十座まで登頂し、残るは南アルプスの聖岳だけとなっている。取材を通して親しくなった地元の人も多く、時には宴会にも顔を出し、飛騨独特の祝い唄「めでた」を初めて知った。これがきっかけで東京出身の夫人とともに「めでた塾」に「高山めでた」を習いに通い、男ばかりの塾では珍しがられたそうだ。

やがて二〇〇五年秋、次の赴任地日光へ旅立つ日を迎え、親しくなった飛騨の人たちが遊座さん夫婦を見送りに高山支局にやってきた。車の窓越しに「長い間お世話になりました」「お元気でね」「またお会いしましょう」などとお互いに挨拶をしている時、支局でアシスタントをしていた地元出身で飛騨弁一〇〇パーセントの女性が「遊座さん、ためらって行きないね」と声をかけた。遊座さんは「え？ ためらわなくても大丈夫だけど」と思ったが、笑顔で「ありがとうございます。〇〇さんもお元気で」といい、飛騨の人たちに別れを告げた。

後日飛騨弁の「ためらう」は、共通語の「迷う・思い迷う・ちゅうちょする」の意味ではなく、「健康や安全に気をつける・身体を大切にする」という意味だと分かった。飛騨では送別の際の挨拶のことばとして使われることが多い。

以来この別れ言葉が気に入った夫妻は、お互いに外出する時などに、今も飛騨弁の「ためらって、行きないね」を愛用している。飛騨ではこの他にも「旅に出たら、ためらえよ」とか、別れ際の定番的な挨拶として「そしゃ、そういうこって、ためらってな」というおなじみのフレーズもある。

「さァ、**しずめー！**」「フロにもぐるんか⁉」

岐阜市に住むBさんが、京都の学生時代に、銭湯で遭遇した自分では気がつかなかった岐阜弁おもしろエピソードだ。

当時Bさんは、京都市内で八十歳のおばあさんが、地方出身の学生七人に部屋を貸している下宿屋に住んでいた。そんなある日の夕方、Bさんは同じ下宿仲間で兵庫県出身のOさんと一緒に夕食をとろうと、学生が良く行く庶民的な王将に出かけた。Bさんが持参した無料飲食券で早速いつものギョウザを注文し、とりあえずビールで乾杯した二人は、キャンパス内の女子大生について話し出し、あーだこーだと大いに盛り上がった。

やがて、いったん下宿に戻った二人は、間もなく近くの銭湯に向かった。銭湯で裸になった二人は最初にサウナボックスに入ったが、しばらくすると顔が真っ赤になり体がほてってきたので、サウナを出て浴槽の所にやってきた。

そこでBさんが「サウナ、暑かったで、さァしずもか、しずめー！」と言ったので、Oさんは「お前かわっとるなァ。フロにもぐるんか⁉」とビックリ。Bさんが「違うんやて。しずむっていうのは、岐阜ではフロにつかるということなんやて」と説明すると、Oさんは「そら、おもろい言い方やなァ」と感心。Bさんは「そうやろー、伝統的でユニークな言い方やろー⁉」と胸を張り、

「そやで、はよ、しずもめー！」と再び声をかけた。

そう言いながら浴槽のへりに腰かけていたBさんは、勢いよく湯舟に入ろうとした途端、お尻を滑らせてブクブクと頭まで沈んでしまった。両手で顔をぬぐいながら、慌てて起き上がるBさんを見て、Oさんは「お前ホンマにもぐってもーて、どないすんねんや!?」と大笑い。「ちゃんとオチまでつけてまったなァ」と照れ笑いでごまかすBさんだった。

「しずむ」は「沈む」のではなく、オフロに「つかる」場合によく使われ、「リサちゃん、さみーで、肩まで、よーしずまなあかんよ」などという。

「ええっ!? B紙って方言やったの!?」

岐阜市出身で、神田町フラッグアートを考案したプランニング・ディレクターであり、岐阜県観光国際戦略アドバイザーのほか、兵庫県立大学大学院特任教授としても活躍する古田菜穂子さんの学生時代の思い出話だ。

それは、古田さんが東京の大学で初めて迎えた一年生の秋のことだった。当時、古田さんは広告研究会のメンバーだったが、ちょうど学園祭を前に、部室に集まった仲間たちは、それぞれ打ち合わせをしたり、準備作業に余念がなかった。

そうした中で、作品の展示の準備を進めていた男性の先輩Eさんが、壁に貼ってある紙を指さしながら、「これと同じ模造紙を三枚買ってきてくんない?」と古田さんに頼んだ。現物を見た古田さんは「B紙や」と思い、部室をあとにした。

早速、大学の近くの文房具屋に行った古田さんは、店のおばさんに「あのーすいません。B紙三枚下さい」と言った。すると、下町風のおばさんが「びーし? 何だいそれ?」と聞き返すではないか。古田さんは「ええっ!?」と一瞬絶句し、驚愕した。

てっきり「B紙」は固有名詞だと思い込んでいたので、同じ日本でまさかB紙が通じないなんて思いもよらなかったのである。彼女にとって、それは生半可な驚きではなく、まさにカルチャー・

ショックであった。

「そう言えばE先輩は、紙のことを何とか言ってたなァ」と考えても思い出せず、頭の中は混乱するばかり。古田さんは顔を赤らめながら「ほら、ペラペラの薄くて白い紙で、なんか書いたりする……」と懸命に説明した。しかしおばさんは、「画用紙のこと?」とかいろいろ聞くのだが、「何だか、よく分かんないね」と、結局分からずじまい。

困った古田さんは、急いで部室に戻り、恥ずかしそうにEさんにたずねた。「あのー、この紙って一体何て言うんですか?」いきさつを話すと、Eさんは笑いながら「いいかい? これは模造紙っていうんだよ」と、子どもに話すように説明したので、古田さんは頭をかきながら、再び文房具屋に向かったのだった。

これには後日談がある。その後、古田さんは広告業界で仕事をするようになったが、駅などに貼ってある大きなポスターのサイズを、業界用語でB1(ビーワ

ン)とか、B全(ビーゼン)と呼んでいることを知り、「B紙がサイズのB1とかB全からきているとすれば、『B紙』は正しい呼び方じゃない!?」と思ったそうだ。

東京くんだりでは、古田さんの体験のように「B紙? WHAT?」ということになるが、岐阜の場合、「B紙」がメジャーで、「模造紙」はマイナーな存在である。古田説でサイズからきた用語と考えれば、納得できることばではある。ちなみに筆者の出身地の大阪でも「B紙」と言い、岐阜とはB紙ネットワークの仲間である。

「あぬいて、つばけ」という諺がありますが……

東京出身で下呂市萩原町に住むK子さんが、かつて娘が高校生だった時に体験した飛騨弁スピーチのエピソードである。

K子さんの娘S子さんは、いまは子どものいるお母さんになっているが、それはS子さんが高山市にあるH高校に入学した時のことだった。入学式の当日、校長先生の挨拶に続いて、PTA会長が壇上に立ち、お祝いと励ましのスピーチを始めた。

「高校は義務教育ではありません。皆さんはH高校で三年間学び、その後は社会に出る人も、大学へ進む人もいます。そのための大切な三年間です。昔から『あぬいて、つばけ』ということわざがありますが、これからは、自分のことは自分で責任を持ってやらなければなりません。……」と話が続いた。

K子さんは、「あぬいて、つばけ？ なんだそりゃ？」と思った。昔からそんなこと言ったっけ？と首をひねりながら帰宅し、早速地元出身の夫に聞いてみた。すると「あぬいて、つばけ」とは、「上へ向かってつばをはけば、結局は自分の所に戻ってくる」。つまり自業自得だということが分かったのだった。

萩原町で暮らすようになって長く、日常の飛騨弁のヒヤリングには不自由しないK子さんだったが、「まだまだ分からない言葉はあるもんだ」と思ったという。

「あぬく」は「あお向く・上を向く」こと。岩島周一著の『飛騨の方言』には、「あぬいて、つばけ」のことわざで載っており、「あお向いてつばをすれば自分の顔にふりかかる」「因果応報」と出ている。また「あぬきざま・あぬきだま・あぬけざま」は、「仰向けに・仰向けになったたん」という意味で使われている。

「今日はぬくたいね」「お客さん、もう一度言って下さい」

大垣市在住で医療関係の仕事に携わる自称クマヒゲさんが、東京の大学時代に体験した話である。当時クマヒゲさんはN大学農獣医学部の一年生で、昔から学生横綱を度々輩出しているこの大学の相撲部員だった。

県内の高校時代から相撲部に入っていたクマヒゲさんは、体重が七〇キロ前後と軽量級だったが、大学時代の勝ち星の数はまずまず。相撲部の決まりとして全部員が杉並区阿佐ヶ谷にある合宿所に入り、ここが寝泊まりをする下宿先でもあった。合宿所では、毎年一年生が食事を作ることになっていて、夜はお決まりのチャンコ鍋を準備し、部員全員でチャンコを囲む習わしになっていた。

一年生の終りに近い二月のある日の朝、クマヒゲさんはいつものように神奈川県藤沢市にある農獣医学部のキャンパスに出かけ、講義を受けたあと、再び合宿所に戻り、夕方六時ごろから一年生の仲間たちとチャンコ作りに取りかかった。やがて賑やかな夕食が終わり、後かたずけも済んだので、クマヒゲさんは久しぶりに一人で酒を飲もうと新宿に出かけることにした。

合宿所からタクシーに乗ると、運転手が「どちらまで?」と聞くので「新宿の歌舞伎町まで」と答え、「もうすぐ三月だし、今日は何だかぬくたいね」と声をかけた。すると運転手は「お客さん、もう一度言ってもらえませんか」と言う。

クマヒゲさんは「今日はぬくたいよね」と重ねて言った。「お客さん、それはあったかいという意味でしょうかね⁉」と確かめるように運転手が聞くので、「そうそう、あったかいよね、今日は」と言いながら、心の中で「ぬくたいは方言なんや」と思った。さらに「お客さん、どこのご出身ですか？」と聞かれ、「え、ぼくは岐阜だけど」と答えると「ああ、あの長良川のうがい（鵜飼）の……」と、しばし岐阜の話が続いたのだった。

「ぬくたい」または「ぬくとい」は「ぬくてー」とも言い、「暖かい・ほんの少し暖かい」場合に良く使われる。「ぬくといコーヒーちょ」とも言うが、「今日はフトコロがちょっとばかぬくといで」と言ったばかりに、みんなにたかられるじんもおんさるんやて。

話の中で、運転手は「長良川のうがい」と言っていたが、正しくは「うかい」とにごらずに発音する。岐阜のじんなら誰でも知っていることだが、他県のじんたは「うがい」と発音しがちなのである（筆者も初めはそうだった）。

今日はぬくたいねー
え？わかります？彼女のプレゼントなんですよ ふだんネクタイなんてしないんですけど えへへ

「S平君の顔を**ばりかいて**まって……」

三重県四日市市出身で、岐阜市に住む成人した二人の子どもの母親T枝さんが、子どもの幼稚園時代に体験した岐阜弁エピソード。

それは、長男のS平君が幼稚園の年中組の時のことだった。ある日、幼稚園の一日が終わり、「せんせー、さよーなら！」「みなさん、さよーなら！」とお決まりのセレモニーも済んで、S平君はみんなと一緒にワイワイ言いながら、幼稚園バスに乗り込んだ。

そのあと、幼稚園のベテランの先生からT枝さんに電話がかかった。「あのー、幼稚園のHですけど」という声に、T枝さんが「いつも、うちの子がお世話になっております」と言うと、H先生は続けてこう言った。「実は、今日お宅のS平君がB夫君と遊んでいるうちにけんかになりまして、その時にB夫君がS平君の顔をばりかいてまって、S平君の顔にちょっと傷がついてしまいました。私どもがいながら本当に申し訳ありません」と平謝り。

T枝さんは「いえいえ。そうですか、それはわざわざご連絡いただいて、ありがとうございました」とお礼を言って電話を切った。しかし、T枝さんにとって初めて聞いたことばだったので、「ばりかいて？ そら何のこっちゃ!?」と、しばらく首をひねるのだった。

間もなくバスが自宅前に着き、帰ってきたS平君の顔を見ると、確かに傷がついている。家に入ってT枝さんが「さっきH先生から電話があったけど、今日けんかしたって？　B夫君がどうしたの？」と聞くと、S平君は「指でこうやったの」とひっかく真似をしたので、「ああ、そうか、爪でひっかかれたのか!?」と、やっと意味が分かった。

しかしT枝さんは、「ばりかく」が方言とは気づかず、その後も幼稚園の先生や知り合いの母親たちが「ばりかくんやて」とか「ばりかいてまって」と話すので、ひょっとすると自分だけが知らないだけかも知れないと思い、覚えなければと思ったそうだ。

やがて、夫や友人たちと話しているうちに「ばりかく」が岐阜弁と分かり、「なーんや、岐阜弁やったん？」と笑うT枝さんだった。ばりかかれてしまったS平君は、すでに社会人となり家庭も築いている。

そんなところばりかいたら家の人に怒られるニャ
爪とぎニャ
ばり？

「クアシャさん、**やっとかめやなー**」「やっと亀??」

アメリカ・マサチューセッツ州出身で、椙山女学園大学現代マネージメント学部准教授として応用言語を教えているスティーブ・クアシャさんは、岐阜市内に居を構えて二十四年になるが、初めの頃に知った印象に残る岐阜弁は「やっとかめ」であった。

　クアシャさんは、日本語能力N１試験の合格者でもあり努力家なので、日本語の会話はペラペラで、特にきれいな共通語の発音が特徴的である。それは今から二十年ほど前のこと。クアシャさんは、夫人とともに夏休みの間、出身地のマサチューセッツと夫人の出身地サンフランシスコへ里帰りした。

　懐かしいふる里で楽しい休日を過ごしたクアシャさん夫妻は、三週間後、岐阜市内の自宅に戻ってきた。タクシーから荷物を降ろして、自宅に運びこもうとし

ているると、庭の手入れをしていた隣の家のおじいさんとおばあさんが表に出てきた。

おじいさんは、ニコニコしながら「クアシャさん、やっとかめやなー」と声をかけた。「やっとかめ?」と内心そう思った。「久しぶり」や「しばらく」という共通語は知っていたが、「やっとかめ」は、クアシャさんにとって、その時初めて聞いた日本語だった。

「やっとかめ」の「やっと」という意味は分かるのだが、そのあとの「かめ」が何のことだか分からない。もし「亀」だとしても「やっと亀」の意味も理解できない。理解できないものの、おじいさんが何か挨拶をしていると思い、にこやかに「お久しぶりです」と返事をした。

あとになって「やっとかめ」は、英語の「long time no see」つまり「久しぶり」という意味のことだと分かったのだが、おじいさんに「やっとかめ」と言われ、三週間の間に私は亀になってしまったのかと笑うクアシャさんだった。

大阪出身の筆者も初めて「やっとかめ」を聞いた時は、どういうことか全く分からなかった。岐阜出身の知人から「やっとかめは八十日目と書くんや。そやで久しぶりということになるんやて」と言われ、「八十日目」を「やっとかめ」と読むとは、なるほど上手くできていると思った。しかし調べてみると、この話はどうもマユツバもののようだ。

「やっとかめ」については、『東海のことば地図』の著者・竹内俊男さんが、著書の中で分かりやすく説明しているのでご紹介する。「やっとかめ=八十日目」という説は俗説で、「八十」とも「○日目」とも全く関係がない。「やっとかめ」は「やっと(ようやく)」ということばに、接尾語の

「か」と「め」がくっついたもの。「やっと」は久しく・長らくの意味で、「やっとできた」「やっと通行できる」のように長い時間の経過を表している。「やっとかめ」の「か」は、前の話にくっついて、そういう状態を示す接尾語なので、「やっとか」は「やっと（久しく）＋か」で「久しぶり」という意味になる。さらに「やっとかめ」の「め」は、物ごとの程度を表す接尾語で、「戸を細めに開ける」「太めになった」などの「め」と同じもの。このため「やっと＋め」の「やっとめ」も「久しぶり」ということになる。

このようなことから「やっと＋か＋め」は、「やっと（ようやく）」を強調するような「久しぶり」になる訳だ。「やっとかめ」は、岐阜県と愛知県、三重県志摩地方、それに徳島県海部地方や長崎県でも、長く合わない人同士が声をかけあうことばである。この分布を見ると方言周圏論（148頁参照）のように「やっとかめ」もかつては京の都で使われていた可能性がある。

県内では郡上地方で「やっとこめ」、恵那地方で「やっとめ」も使われるほか、岐阜市では「えっとかめ」もある。クアシャさんは、その後も「知ってる」をなぜ「知っとる」と言うのかなど、不思議な岐阜弁の謎について今日も考えを巡らせている。

「手紙見るの、**おけっ！**」「はい桶。なんに使うの？」

岐阜市内にある中部化成薬品（株）会長で九十四歳の今も現役で活躍する瀬川隆彦さんが、戦前の昭和十七年ごろに、東京の下宿屋で思わず叫んだ岐阜弁ストーリーだ。

当時、瀬川さんはM大学の学生で、玉木屋という有名な下宿屋に下宿していた。この下宿屋には、M大学を中心に各大学の学生二十人ほどが住んでおり、まかない付き。二人のお手伝いさんが、お膳を持って学生の部屋に運んでくるという古き良き時代であった。

ある日、瀬川さんが二階の自分の部屋で女性から届いた手紙を読んでいたところ、友人のB君が「やあやあ」と入ってきた。B君が「何見てるんだ？」と聞くので、慌てて手紙を隠した。するとB君は、さっと手紙を取り上げ「おっ！ラブレターじゃないか!?」と言って手紙を勝手に読み始めた。「先日は、お忙しい中をありがとうございました。下高井戸の松蔭神社の桜、とっても美しゅうございましたね。瀬川さんと一緒に歩けて……か、おいおいお安くないぜ、こりゃ」。

瀬川さんは顔を赤らめながら「おい、やめろよ、おけ！」と叫んだ。しかし、B君がなおも手紙を読み続けるので、さらに大声で「おけっ！おけっ！」と怒鳴った。その勢いに驚いたB君は「すまんすまん、悪気はないんだ」と謝りながら手紙を返した。間もなく一階からお手伝いさんが上がってきて「瀬川さん、はい桶。一体なんに使うの？」と手渡そうとした。

瀬川さんが「どうして桶なんか持って来たんや？」と聞くと、お手伝いさんは「だって桶！桶！って叫んでたじゃない⁉」と言う。瀬川さんはハタと気がつき「それはオケ違いや。桶やのうて『おけ！』つまり『やめろ』って言うたんや」と事情を説明。大笑いとなった。以来、玉木屋では、ラブレターおけ事件として、長く語り継がれたという。

「ものごとをやめる・よす・中止する・そのままにする」の意味で使われる「おく」は、活用形として「おいた」「おきゃー」のほか、瀬川さんが叫んだ「おけ！」があり、親戚筋の名古屋では「おきゃーせ」となる。

同じ意味の江戸語としては命令形のみが使われたが「おけ」とは言わず「おきなせえ（し）」「おきねえ」「おきやあがれ」などと言った。安永年間には「エエ、何ンのことだ、おきねへ」という表現が記されている。一方、大阪ことばでは「もう、オイときまっさ」（もうやめておきます）と記されている。かつては津軽・北陸・長野・三重・奈良・和歌山・大阪・京都・香川・愛媛など各地に広がっていたが、現在はどうか。

「おまえは**ハザコ**みてーやで、うれしいんな！」

五年前から美濃加茂市本郷町で、名物のとんかつを中心に食事処「ますの家」を夫婦仲良く営んでいる女将の櫻井博子さんは、長く住んでいた美濃市で体験した岐阜弁エピソードが、今も思い出に残っているという。

鹿児島県出身の博子さんは、一九七二年（昭和四十七年）に美濃市に住む櫻井良雄さんと結婚し、夫の父親が経営する同市立花にある湯の洞温泉の料理旅館「ます乃家」で新婚生活がスタートした。

当初は、初めて耳にする岐阜弁が新鮮だったが、周りの人が何か言ったあとに決まって「えか!?」というので、「どうしてみんな命令口調で言うんだろう」と思っていた。女性客の中には「あしたは朝が早いで起こしてね、えかっ!?」と言う人もいて、「なんて荒っぽい言い方をするんだろう」と驚いたこともあったそうだ。

そんなある日の夕食の時、日本酒の好きなお義父さんがお酒を飲みながら、博子さんに「おまえはハザコみてーやで、わっちゃ喜んどるんな」と言った。ハザコの意味は分からなかったが、博子さんが「どうしてですか？」と聞くと、「ハザコは口にへーるものは何でも食べてまうでな」と答えた。

まだ呑み込めない博子さんが、あとで夫の良雄さんにたずねると「ハザコか？ そりゃサンショウウオのことやて」と言う。普通なら「失礼な！」と怒ってもおかしくないところだが、すべて良いように理解する博子さんは「そうか、お義父さんは私が食べ物の好き嫌いがない良いお嫁さんだと言ってくれたんだ」と、思わずニッコリしたのだった。

舟に乗って火ぶり漁で天然鮎を獲った経験もある良雄さんによると、サンショウウオは美濃市立花の清流にもいて、普段は口を開けたままじっとしていて、上流から流れてくるものは、魚でもゴミでも何でも食べてしまう習性があるそうだ。

加藤毅さん著の『岐阜県方言地図』によると、県内全域に「サンショウウオ」という共通語の語いが広がっている一方、奥美濃から東濃にかけて「ハザコ」がかなり使われており、他の地域では「アカラコ・アンコ・ヤマセコベ・ヤマカチ・ハンザキ」などの呼び方もある。一方南飛騨地方では、「ハザコ」は「何でも食べる者」という意味があり、「おらァー、ハザコやで何でも食うぞ」というそうだ。

「あれ、こーわいさー!」「ぼくのこと?」

高山市清見町にあるOV森の自然学校校長の稲本裕さんは、オーバーオール姿の二〇代の頃からひげを生やしているが、兼任で数年前まで准教授として勤務していた岐阜女子大学でも「ひげの稲本先生」として女子学生たちに親しまれていた。稲本さんは富山県の出身だが、高校・大学と東京で過ごしたあと、二十四歳の時に兄の正さんとともに、高山市清見町牧ケ洞に移住し、木工集団ひだオーク・ヴィレッジの活動を始めた。その当時の飛騨弁エピソードである。

ある日、稲本さんは仕事上依頼することがあって高山市内の小さな会社を訪ねた。「あのー、これつまんないものですけど、どーぞ」と、持参してきた手土産の菓子折りを手渡そうとすると、女性事務員が「あれ、こーわいさー」という。稲本さんは内心「えっ?!」と驚いた。どうして自分が「こわい」と言われるのか全く見当もつかない。

ひょっとするとひげを生やしているからかなと思い、「あのー、ぼくのひげって、そんなに怖いですか? ぼく、ほんとはそんなに怖くないんですよ」と、しきりにへりくだってアピールしてみた。しかし女性事務員は相変わらず「こーわいさー」を繰り返すので、やっぱり自分は怖いのかなと考えたりもしたが、結局菓子折りを受け取ってくれたので、その時は、まァいいかと思い、用件を伝えて引き上げたという。

その後、オーク・ヴィレッジに配達にやってくる郵便局員や近所の人たちに「あれ、こーわいさー」とはどんな意味で使っているのかをたずねてみたが、誰に聞いても早口の飛騨弁で話すので、説明のことばも分からないという期間がしばらく続いた。

やがて他の取引先にも何回か手土産を持参することによって、ようやくこの場合の「こわい」が「怖い、恐ろしい、おっかない」ことではなく、「申し訳ない、気の毒、恐縮する」という意味だということが分かった。そこで初めて、高山の女性事務員が「あれ、こーわいさー」と何度か言ったのは、「お気遣いいただいて申し訳ありません」ということを繰り返していたことが、ようやく理解できたのだった。

今となっては笑い話だが、その頃は本当に困ったと稲本さんは言う。飛騨弁の「こわい」は、他にも「弱ったこと、恥ずかしい、可哀そう、心配だ、不安だ、いとわしい、さびしい、嫌だ、苦しい、つらい」などの意味でも幅広く愛用されている。

「今度のてーふーは、九州でめーめーしちょった!」

北海道旭川市の出身で、今は岐阜市に住むK子さんが、当初さっぱり理解できなかった頃の岐阜弁エピソードである。

K子さんは、地元の旭川で、かつて旭川医大の学生だった岐阜出身の夫と知り合い、交際ののちに結婚、岐阜市の住民となった。岐阜の町に住むようになって二年後の秋のある日、日本列島に台風がやってきた。この日、以前からの予定で、K子さんは夫と共に、関市に住む夫の祖父母の家を訪ね、おじいさん(当時八十六歳)と台風の話をしていた。

おじいさんは「こねぁーだのてぁーふー(台風)の時は(ずい分昔の台風のことらしいがついこの前のことになる)、どえれーひげぁー(被害)が出てなも、ほりゃーひでーもんやった。ほやけど、今日のてぁーふーは、九州のクロの方を、めぁーめぁーしちょったぐれーで(今日の台風は九州の端の方をぐるぐる回っていたぐらいで)、まー、こっちにはこーへんかったし、良かったなも」と言った。

おじいさんの話は、いつも方言まるけ(だらけ)なので、K子さんには二〇パーセントぐらいしか意味が分からず、この時もヒヤリングが困難で、何を言っているのかほとんど分からなかった。しかし、いちいち意味をたずねてご機嫌を損ねてはいけないので、K子さんは意味が分からないまま、まるで外国人に接するように愛想笑いをしていた。

その後、夫と二人になった時に、意味を確かめて、やっとおじいさんの言っていることが理解できたのだった。岐阜での生活も長くなり、岐阜弁のヒヤリングもほぼできるようになったK子さんの思い出話である。


母音のアとイが連続すると、岐阜のじんたは「えァー」と中間音で発音する。おじいさんは、「このあいだ→このえァーだ」「たいふう→てァーふー」「ひがい→ひげァー」「まいまい→めァーめァー」と、岐阜弁の法則通り正しく発音していることが分かる。

「まいまい」は①「くるくる回る・ぐるぐる回る」、②「かたつむり」、③「水すまし」の意味で使われているが、おじいちゃんの場合は「(台風が)くるくる回っている」という意味である。飛騨地方では、手を広げてくるくる回る子どもの遊びについて「まいまいこんこをすると目が回る」と幼児語で言う。なお「九州のクロの方を」は、言うまでもなく「九州の隅（または端）の方を」のことである。

こねぁーだの
てぁーふーは
九州のクロを
めぁーめぁー
しちょったわな
それはもう
おっしゃる
とおりで…
？？

「どんびき・きめにいって・でんがった！」

中津川市付知町の出身で、岐阜市を中心に全国的に活躍するカメラマンの通称マッキーさんは、学生時代に友人たちと「方言バトル」を行ったが、その時登場した究極の付知弁は……。

マッキーさんが東京の大学に入って二〜三カ月が過ぎ、キャンパス・ライフにも慣れてきた頃のこと。ある日彼は、地方出身の友人たちと学生食堂に行き、食事を済ませたあと、みんなで「方言バトル」を行った。これは、自分の出身地の方言を問題として出し合い、誰も意味が分からない、極めつけの方言を出題した人が優勝するというゲームである。

はじめに、青森県出身の友人がたずねた。「『どさ？』『ゆさ！』って分かるか？」みんな首をひねったが、同じ東北の近県出身者が「『どこへ行くんだ？』『お風呂だ』だろう？」と言い当て、最初の難問は解決した。

次に登場した、長崎県出身者は「こどもん、そんげおそーまでおきとっと、あもぐんずっそ」という方言を出題。「子どもが、そんなに遅くまで起きていると」まではどうにか分かったものの、「あもぐんずっそ」がみんな分からない。そこで出題者が「お化けがでるぞ」という意味だと説明して、これも一件落着。

このあとも、北海道、山口、栃木、長野、宮崎などの各地の方言が飛び出し、部分的に分からない言葉はあったが、おおむね理解でき、いよいよ最後にマッキーさんの順番が回ってきた。「岐阜県の付知町は、どんな方言を使うんだ?」と聞かれたマッキーさんは、こう言った。

「それじゃあ、これは分かるかな? 究極の付知弁だ。『どんびき、きめに行って、でんがった』」……しばし沈黙の時が流れ、「分かんねーな」「何なんだ、それ?」とお手上げ状態。そこでマッキーさんが「それじゃあ正解!『殿様ガエルを捕まえに行って、自分がひっくり返ってしまった』ということや」と自慢げに答え、みんな「へェー!!」と感心するばかり。結局、マッキーさんは、見事その日のウイナーとなったのだった。

「奥から**机つってきて**！」「机をつる？」

美濃市は、美濃和紙とうだつの上がる古い町並みや、笑いの伝統芸能「美濃にわか」で知られているが、同市常盤町の旧家に住む東京都出身の鈴木美智子さんは、結婚して間もなく「机をつってまった」エピソードの持ち主である。

今から十三年前の十二月に結婚式を挙げた美智子さんは、事前に、新年に入ると夫の一家が揃ってお屠蘇を祝い、お正月を迎えると聞いていた。美濃に嫁いで初めてのお正月の二日、離れて暮らしている妹さん（義妹）を含め、家族七人が集合するので、その日は朝早くから準備に追われていた。

いつもと違い広い和室で食事をとろうということになり、義父の隆さんが「奥から机つってきて」とみんなに声をかけた。その時、美智子さんの動きが一瞬止まり考えた。「机をつる?」以前、夫から「美濃まつりの時は、みこしをつる（かつぐ）んや」と聞いたことがあったので、「机もつるのか」と思ったという。

美智子さんが「机をつってきて」と言われて、何か考えている様子に気づいた義妹さんが、「おねーさん、机を運ぶんやよ」と言ってくれたので、疑問は解消。みんなで「机をつって」やがてお正月の楽しい食事が始まったのだった。

「机をつる」は、「机を少し持ち上げて運ぶ・移動する」というニュアンスがあり、岐阜県のほか愛知県尾張地方、三重県でも愛用されている。岐阜弁の中でも代表的な大物方言である。ただ他県の人は「机をロープでつる」とか「クレーン車で机を吊り上げる」ようなイメージを抱くことになりがち。

お正月に初めて「机をつって」から十三年たち、美智子さんは地元の美濃町弁にも徐々に馴染み、中一・小五・小三に成長した子どもたちが話す「まわし」や「ほーたげー」などの意味も分かるようになってきた。ただ方言の中でも「くろにえ」は、外国語のような響きの「クロニエル」という便利な動詞もあり、「煮える」を連想させる不思議なことばと感じるそうだ。

ちなみに「くろにえ」は「青あざ」のこと。「膝を打って、くろにえができてまった」と言ったり、「ほれ、知らんうちに足のむこうずねがくろにえてまっとるわー」と気づく人もいる。「くろにえ」と同じ意味で「あおにえ」とか「くろじ」と言う人もいる。

「河伯さん、**まわし**しといてね！」「（内心）すもうの？」

放送タレントでフェスタ・オフィス・ジャパン社長の河伯《かはく》さんは、兵庫県の出身だが、テレビ番組の打ち合わせで聞いた「まわし」が分からず、本番直前まで困り果てたことがあった。

河伯さんは、岐阜放送の「河伯の電リク大行進」や「ヤンスタ」、東海ラジオのベストテン番組「決定！全日本歌謡選抜」でも人気パーソナリティーとして活躍し、現在はイベントプロデュース会社の代表である。

それは岐阜放送で仕事をするようになって二年目のことだった。河伯さんが柳ケ瀬商店街のお店の女性にインタビューするテレビ番組のＭＣ（司会）を担当することになり、台本は数日前に手渡されていた。

本番の前日、制作部のデスクに行くと、番組担当のSディレクターが台本の表紙を見せながら「河伯さん、あしたの番組のまわし、しといてね」と言った。河伯さんは内心「ええっ‼ おすもうさんのまわし⁈」と思ったが、Sディレクターには「は、はい、分かりました」と答え、それ以上は聞かなかった。

「分かりました」とは言ったものの、どう考えてもおかしな話である。「あの台本には、まわしをつけてということは書いてなかったのに、一体番組のどこでまわしをつけるんやろ⁈ けったいな話やなー。そやけどしゃーない、何とかせな。そーゆーたら、うちにまわしなんかあったかなー？なかったら、代わりにさらしはどーかな？それともベルトを何本かつけて代わりにやるか……」と悩む河伯さんだった。

　寝不足で迎えた本番の日。岐阜放送を出発した取材車は、番組のクルーを乗せて柳ケ瀬の商店に向かっていた。車の中で河伯さんはカメラマンのMさんに尋ねた。「きのう、ディレクターのSさんに「番組のまわし、しといてね」と言われまして、さすがに相撲のまわしはないので、落語で使う着物の帯を用意したんですけど、こんなんで良いですかね？」

　すると事情がのみこめたMカメラマンは、「あ、それは違うよ河伯さん。そのまわしと違うんやて」と言う。「ほんなら、どのまわしですか？」と河伯さんが聞くと、「要するに『まわし、しといてね』というのは、『番組の準備をしといてね、ちゃんと支度をしといてね』ということなんですよ」と岐阜

まわしなんか持ってへんちゅーねん
着物の帯では心もとないしなぁ

弁を通訳してくれたのだった。

「なーんや、そーゆーことやったんか?! んな、あほな！」河伯さんは瞬間的にどっと疲れが出たが、一日とけなかった疑問が解消したので、すっきりした気持ちでインタビューに向かうことができた。

「まわし」は、相撲のまわしとよく勘違いされるので、エピソードの多い岐阜弁である。語源は明確ではないが、「まわし」は「準備・支度・段取り」などの意味で愛用され、「ちゃっと、まわししやー」は子どものころからなじんだポピュラーなフレーズ。動詞の「まわしする」は「準備する・支度する・段取りをする」ことになる。いずれも岐阜県美濃地方、愛知県尾張地方、三重県北勢地方で活躍している。岐阜県飛騨地方では、同じ意味の「やわい」と動詞の「やわう」が日常的に使われる。「祭りやわいは済んだかな?」「今夜、寄り合いがあるで、夕飯のやわいをはよしといてくれ」「そろそろ、夕飯やわわんならんで」などと言う。

「いま来るさ」「誰か来るの?」

新潟県出身で、二年前から高山市にあるNPO法人に努めるA子さんの、今なお分かりにくく、こんがらかってしまう飛騨弁「いま来るさ」エピソードである。

A子さんは、二〇一七年八月のある日、仕事の帰りに久しぶりに女性の友達と飲みニケーションしようと思い、本町通りを歩きながら、高山で親しくなったK子さんに電話をした。

A「K子、いまどこにいるの?」

K「家におるんやさ」

A「仕事終わったんだけど、これから飲みに行かない?」

K「いいよ、どこにする?」

A「朝日町のいつものとこでどう?」

K「じゃァそこにしよう。A子、今どこ?」

A「本町四丁目のあたり歩いてるよ」
K「じゃァそこにいま来るさ」
A「誰か来るの？ 友だち誘ったの？」
K「ううん、さそっとらんよ。A子誰か誘った？」
A「誰も誘ってないよ。さっき、来るって言ったから、誰か来るのかなと思って」
K「私一人で来るんだよ」
A子さんは「来る」と「行く」がこんがらがってきたので混乱状態を回避しようと、
A「分かった。鍛治橋のあたりにいるから、ともかく来てね」と言って電話を切った。
しばらくして、二人はようやくいつもの店で合流し「カンパーイ！」したのである。

「いま来るさ」は、そう話している人が「今これから私が行く」という全く逆の意味なので、実にまぎらわしく分かりにくい飛騨弁の代表格である。このことがあって以来、A子さんは飛騨の人が「いま来るさ」という時には、必ず「私が待っていればいいの？」とか「私は動かなくてもいいの？」と確認することにしている。

美濃地方ではほとんど耳にしない「いま来るさ」だが、飛騨地方のほか郡上市などの奥美濃地方でも比較的ポピュラーに使われている。

「ベランダの鍵かっといてね」「鍵を買ってくるの?」

岐阜市出身の会社役員のHさんは、東京の理工系大学時代に、友人にベランダの鍵をかけてもらおうとして……。

大学一年生のある日、Hさんは講義を受けたあと、東京出身のクラス仲間S君と一緒に夕食をとり、その日はS君がHさんのアパートに泊まっていくことになった。ビデオショップに寄ったあと、荻窪のアパートに着いた二人は、さっそく持ち帰った缶ビールで乾杯し、お気に入りの洋楽CDの話やビデオの話などで盛り上がった。

翌日の朝、学校へ行く準備をしていた時、Hさんは机の上に乱雑に積み上げた本の中から、テキストを取り出しながら、「すまないけど、ベランダの鍵かっといてね」とS君に頼んだ。S君は意味が分からず「えっ、

鍵かっといてって
言ってたから
前のは売って
おいたわよ
えっ!?
売約済

なになに？」と聞くので、Hさんは「鍵かうんや」ともう一度言った。
しかしS君は「なに？ 鍵を買ってくるの？ 鍵こわれちゃったの？」と意味がよく伝わっていない。「鍵をかう」は誰でも分かると思っていたHさんは、ここで初めてS君に理解されていないことを知り、びっくりしながら意味を説明した。やがて時間のないことに気づいた二人は、慌てて「ベランダの鍵をかい」アパートを飛び出したのだった。

Hさんに限らず、「鍵をかう」は多くの岐阜のじんが共通語と錯覚しがちな方言だ。「鍵をかう＝鍵をかける」「鍵をかわない＝鍵をかけない」「鍵をかってない＝鍵をかけていない」などと活用する。飛騨地方では、「鍵をかう」と共に「つめをかう」や「つめ、かったか」などと言う。

「わっち、かざするかな?」

瑞穂市在住のA子さんは、独身時代に彼氏のおばあちゃんに聞かれたことばが分からず、適当に答えたために失敗した苦い思い出話だ。

A子さんが、当時つき合っていた彼氏の家に遊びに行った時のことである。家族の人たちに挨拶をして世間話をしていると、彼氏のおばあちゃんがA子さんににじり寄ってきて、突然「わっち、かざするかな?」と聞いた。

その頃、A子さんは「かざ」ということばを聞いたことがなく、意味も全く分からなかった。しかし、おばあちゃんが「みんなが、かざする、かざするって言うけどなも」としきりに言うので、つい期待されているような気がして、サービスのつもりで「すーる、する、するよ、おばーちゃん」と答えた。

日頃から誰にでも「わっちかざするかな?」と聞きまくっていたおばあちゃんは、その日、孫の彼女が来るので、家族からA子さんのそばに近寄らないようにと言われていたが、そのことを忘れてしまっていたらしい。

後日A子さんは「かざ」が「ニオイ」のことだと知ったのだが、彼氏はおばあちゃんから車を買ってもらえるはずだったのが、パーになってしまったという。初めて聞いた「かざ」ということばに困ってしまったA子さん、ガッカリして怒った？　おばーちゃん、車がパーになってしまった彼氏、それぞれの表情が目に浮かぶようです。

「匂い・臭い」を意味する「かざ」は、岐阜・愛知のほか、北陸各地、福島、茨城、千葉、近畿各地、鳥取、岡山、広島、四国各地、宮崎、熊本、沖縄で広く使われる方言と辞典に出ているが、時代と共に使わなくなっている地域も見られるようだ。

岐阜弁マンガの夢見るヒロインの場合
可愛いお花…
とってもいいかざ♡

約束した「しあさって」の前に「**ささって**」があった!

勇壮な起し太鼓で知られる飛騨市古川町の出身で、岐阜市内の会社で部長職を務めるD夫さんは、大学生の時、東京にいたが、その頃の忘れられない思い出である。

大学に入った頃、D夫さんは、友だちと話す時はなるべく標準語を使おうと努力していたが、夏休みに入り、故郷の古川町に帰って、久しぶりに昔なじみの友人たちと会い、話がはずんだ。そのうちに、D夫さんの話の中で、つい「〜しちゃってさ」というような言葉が飛び出したので、居合わせたほとんどの友人に「ちょっと東京へ行ったと思って、気持ち悪いぞお前。女みてーな言葉使ってまって」と、一斉にバカにされてしまった。それ以来、D夫さんは出身地の言葉を大切にしようと思い、卒業するまで飛騨弁で通すことを決意したのだった。

やがて大学が始まった。ある日、学校の帰りに親しい友人と町へ出て、当時流行りのハードロック・カフェで楽しく飲んだあと、D夫さんは「そしたら、しあさって学校で会わまいか」と言った。友人は「おお、分かった分かった。じゃまた」と言い、D夫さんも「じゃあな」と別れた。

約束通り、友人は「しあさって」、つまりD夫さんと会った日から三日後に学校に行ったが、三十分たっても四十分たっても、D夫さんはいっこうに姿を見せない。当時はポケベルが出始めた程度で、携帯電話もなく、今のようにすぐに連絡が取れなかった、友人は一時間ほど待って、仕方なく引き上げ、その夜、D夫さんに電話をかけた。

友人「D夫、今日どうして学校へ来なかったんだ？」
D夫「ええっ!? あれ確か、あしたやなかったんか？」
友人「だって、あの時、しあさってに会おうって言ったじゃないか？」
D夫「ああ、しあさってって言ったよ」
友人「じゃぁ、やっぱり今日じゃない!?」
D夫「えっ!? あ、そうか、違うんや！」
友人「何が違うんだ!?」
D夫「しあさってが違っとったんや」
友人「どういうこと？」
D夫「飛騨じゃぁ、あした、あさって、ささって、しあさって……って言うんや」
友人「初めて聞いたなァー」
D夫「そうなんや、ささってがあったもんやから、一日ずれてまったんやさ！」

「フィルムは**クロ**を持って!」「クロって?・?」

神奈川県の出身で、西濃地方の病院で放射線科の技師長をしているNさんが、四十数年前に岐阜で生活を始めた頃の思い出話である。

大学を出たNさんは、当初岐阜市内の病院に就職し、放射線技師としての仕事を始めた。患者さんのレントゲン写真を撮ると、今ならデータをデジタル処理できるので早いが、当時は片側が開く薄い箱型のカセットにフィルムを入れて、現像・定着・水洗い・乾燥をすべて手作業で行っていた。

ある日、患者さんのレントゲンを撮り、いつもの順で水洗いまで済ませたが、急いでいたので乾燥させないまま、カセットを開けてフィルムを取り出した。すると、近くにいた年配の放射線科の技師長が「フィルムのクロを持って、指紋を付けけんように気をつけてやっとけよ」とNさんに注意した。

しかし、Nさんは「クロ」が何のことだかさっぱり分からないので、思わず「はぁ?どういうことですか?」と尋ねた。技師長は、Nさんが「クロ」の意味が分かっていると思ってそう言ったのだが、キョトンとしているNさんに「クロは、端とか隅の方のことや」と説明。

こうして「クロ」の意味が分かったNさんは、フィルムの端を両手で押さえながら、そぉーっと運んだのだった。Nさんの岐阜での生活も長くなり、夫人が関市出身ということもあって、今では岐阜弁のヒアリングもほとんど大丈夫だという。

「クロ」は、「縁・隅・端・わき」などの意味で日常的に使われており、「その箱、クロの方に運んどいて」と言ったり、「この前買った本、クロの方にあるで取ってくれんか」と頼むお父さんもいる。

しかし、岐阜出身の若い人の中には「クロ」を知らない人も増えており、「情けねァーことやて」と嘆く年配のじんもござらっせる。「クロ」は岐阜・愛知両県や三重県いなべ市のほか静岡・山梨・茨城・大分・熊本などにも広がっている。

「今夜はホンヤに行くんやて」「本屋?」

あべのハルカスで知られる大阪市阿倍野区の出身で、仕事の関係で岐阜市に長く住むK夫さんの岐阜弁誤解体験談だ。

K夫さんが、岐阜に住むようになって二年目のことである。勤務先の仕事も終わりかかったある日の夕方、K夫さんは仲の良い岐阜市近郊出身の同僚Nさんに「久しぶりに柳ケ瀬にでも行かへんか（柳ケ瀬がまだ賑やかだった時代）。これから何ぞ予定でもあるんか?」と声をかけた。

するとNさんは「あ、今夜はホンヤに行かないかんのやて」と答えた。K夫さんが「何か探してる本でもあるのんか?」と聞くと、Nさんは質問の意味を良く理解していなかったのか「いや、別に本は探しとらんけど」と言う。「そやかて、いま本屋に行くゆーたや

んか?」とK夫さん。「ええっ⁉ あ、その本屋やないんやて。ホンヤ、つまり本家《ほんけ》のことなんや」とNさんは説明。

このやりとりで、K夫さんはホンヤが本家であること、アラヤが分家であることを初めて知ったのである。K夫さんの出身地・大阪では、本屋のアクセントが、岐阜で本家のことをいう「ホンヤ」と全く同じアクセントだったため、勘違いをしたのだった。岐阜では、「ホンヤ」は「分家に対する本家」としての存在感がある一方、共通語の本家・分家よりも「ホンヤ・アラヤ」が強い支持を得ており、圧倒的な使用率を誇っている。

「あー、**はんちくてーなー！**」「半分、ちくわ食いてー？」

高山市上一之町の老舗・三嶋豆本舗社長でヒッツＦＭパーソナリティーの長瀬公昭さんが、高校三年生の夏休みに、京都の予備校の夏期講習に参加した時のことだ。

当時、京都・下鴨にある予備校で学んでいた同じ高山の高校の先輩Ｍさんが、夏期講習があるから参加しないかと長瀬さんたちに声をかけた。この時は一週間の予定で、朝九時から夕方四時までびっしりとスケジュールが組まれ、参加した高校生にとってはかなりハードな講習だった。

ある日、講習が終わったあと夕食をとろうと、Ｍ先輩と長瀬さん、同じ高山出身のＮさん、それに予備校で仲良くなった神戸出身のＫさんと富山出身のＳさんの五人が、バス停で河原町へ向かうバスを待っていた。ところが十五分以上待ってもバスが来ないので、いら立ったＭ先輩が思わず飛騨弁で「あー、はんちくてーなー！」と叫んだ。

すると神戸出身のＫさんが、「え、なんて？ 半分ちくわを食いてー、ゆーた？」と聞く。これには高山出身の三人も大笑い。長瀬さんが「誰もちくわが食いてーなんて言ってないぞ。はんちくてーというのは、高山のことばでイライラするとかじれったいという意味なんやさ」と説明し、Ｋさんも頭をかきつつ笑いながら納得したのだった。

「はんちくたい」または「はんちくてー」は、飛騨地方がホームグラウンドのことば。意味は、①今回のエピソードのように「じれったい・イライラする・はがゆい・くやしい・残念な」タイプと、②「腹が立つ」タイプの二種類に分かれる。①の例としては、酒店で「クモジビールあるけな?」「あー、あれ売り切れてまってないんやさ」「あー、あれ、はんちくてー」などという。②の例としては「〇〇にあんなこと言われてまって、あー、はんちくてー」と悔しがるのである。

「あー、はんちくてーなー!」という同じ見出しのエピソードがあるが（24頁参照）、それくらい「はんちくてー」は飛騨弁を代表する超ポピュラーなことばなのである。

「ガラスを**なぶるな！**」「なめるの？」

青森県出身で、岐阜市に住む女性会社員みっちゃんが、小学校時代に初めて出会った岐阜弁との忘れられない思い出話だ。

父親の転勤で、みっちゃんは小学校五年生の時、岐阜市に引っ越してきた。地元の小学校に入り、五年生のクラスの新しい一員となって間もない頃、みっちゃんは、教室の窓ガラスのあちこちに貼り紙がしてあるのに気がついた。

貼り紙には、すべて「ガラスをなぶるな！」と書いてあった。これを見たみっちゃんは「こっちの子は、みんなガラスをなめるのか!?」と思った。でも何か変なので、隣に座っているA子ちゃんに「みんな、ガラスをなめるから『なぶるな！』って書いてあるの？」とたずねた。

A子ちゃんは「なに言っとるのー、みっちゃん⁉」と言いながら、ゲラゲラ笑いこけてとまらなかった。「なぶるな」は「さわるな」「触れるな」などの意味だと教えられ、頭をかくみっちゃんだった。

「なぶる」は、「さわる・いじる・もてあそぶ」などの意味で、岐阜県をはじめ石川・福井・滋賀・三重・和歌山・奈良・兵庫各県に広がっている。また「からかう・いじめる・馬鹿にする・手がける・手を入れる・修繕する」という意味で使われる地域もある。

「やったかん」と「やらなかん」の違いは？

「私のことばは東北なまりの可児弁《かに》になります」というのは、福島県いわき市出身で可児市役所の職員Kさん。Kさんが市の職員になった頃の方言エピソードを紹介する。

当初土木課に配属されたKさんは、市道や関連工事を中心に担当していたが、上司や同僚が工事について話している時に時々耳にする「やったかん」と「やらなかん」ということばが、一体どういう意味なのかよく分からず謎のことばだった。

そんなある日、Kさんは上司に「車を通りやすくするため、車道と歩道の間にあるブロックを広げたいという意見があるんですが、その工事をやっても良いでしょうか」と尋ねた。すると上司は「やったかん」と答えた。Kさんは上司の口ぶりからどうやら「やってはいけない」ことだと理解し、「じゃァ駄目なんですね」と念を押すと「そうや」と言い、ブロックを不必要に広げてはいけない理由を詳しく説明し、Kさんも納得したのだった。

このようにして「やったかん」の意味がようやく分かったKさんだったが、間もなくまぎらわしい「やらなかん」と出会うことになる。それは川の敷地内に排水路やU字溝を設けるのに関連して、県の河川に関する条例が変わるという内容の県からの通知が発端だった。

Kさんはさっそく上司に「県の条例に合わせて、市の条例も変えたほうが良いですか」と聞いた。

上司はすぐに「やらなかん」と答えたので、Kさんは「やはりやらなきゃいけないんですね」と確認すると、上司は「そうや」と言う。Kさんにとって以前からあいまいだった「やったかん」と「やらなかん」の違いが、はっきりと分かった記念すべき日になった。

「やってはいけない」ことをいう「やったかん」と、「やらなきゃいけない」ことをいう「やらなかん」は、いずれも可児では間違いがあってはいけないような場合に、日常的に使い分けられている重要フレーズである。

なお「やったかん」は近畿方言の「やったらあかん」、「やらなかん」は「やらなあかん」のいずれも省略形と見られる。また「やったかん」は可児では「したかん」とも言い、「やらなかん」は「せなかん」「しなかん」とも言うが、これも「したらあかん」「せなあかん」「しなあかん」の省略形と見られるので、これらは関西弁とは親戚筋に当たることが分かる。

「先生、**てきねーんやさ**」「**だるやめ**ですか?」

岐阜市出身で同市内にある野中内科の院長・野中辰彦さんが、かつて飛騨地方で診察した「てきない症候群」のレポートである。

それは、医者になって間もない一九八〇年(昭和五十五年)のことだった。当時野中さんは、岐阜県内の郡部を回る定期検診車の検診医をしていた。ある日、検診車が飛騨地方の郡部を訪れ、公民館での診察が始まった。

一人目は、地元のおじいさん。野中さんが「どうですか、どこか調子の悪い所はありませんか?」と聞くと、おじいさんは「先生、てきねーんやさ」と答えた。野中さんは「てきねーんやさ」の意味は分からなかったが、さり気なく「ウーム、どれどれ」などと言いながら、おじいさんを診ると、特に異常はないので、「大丈夫ですよ」と言った。

そしてほかの用事があるようなフリをして、それまでに何度か飛騨地方を回っている看護婦(当時の呼称)さんに「てきないって?」と書いたメモを渡した。すると、看護婦さんは事情を察して「飛騨弁で、だるい・疲れた・かったるい・苦しい・つらい……などの意味です」とメモに書いたので、野中さんはカルテに英語で「Tekinai Complain」と記入した。

普通、医者がカルテに記入する場合、患者が頭が痛いと言えば「Complain Headache」(頭痛を訴えている）とか、調子よく何もない状態なら「No Complain」（何も訴えていない）などと書くそうだが、おじいさんが「てきねーんやさ」と言ったので、「Tekinai Complain」、つまり「てきないと訴えている＝てきない症候群」と記入した訳だ。

こんなことがあってから、野中さんは患者の立場に立つように心がけ、特に郡部を回る時には、あえて「えか!?」と言ってみたり、なるべく岐阜弁を使うようにしている。患者が「肩から腕にかけて痛いんです」と言った時に、野中さんが「だるやめですか？」と聞くと、患者は「そーなんやて」と心を開いて話してくれるようになったという。

「てきない」は、「苦しい・つらい・せつない」という意味の古語。方言としても「体がつらい・病気や疲労などで苦しい・息苦しい」などの場合に使われ、岐阜県飛騨地方をはじめ、福井・石川・富山・新潟・長野のほか京都・滋賀の各県にも広がっている。

「だるやめ」は、例えば長距離を歩いて、足の筋肉が疲労し、横になっても痛みがあるような場合に、「今日は、歩きすぎて足がだるやめしとるんや」などと言う。

「勘考《かんこう》しとくでね」……で、期待外れの返事！

Ｃ銀行岐阜支店に勤める東京出身のＷさんは、仕事の関係もあって、できるだけ岐阜弁のやりとりになじもうと、それなりの努力をしていたのだが……。

岐阜支店で仕事を始めて一カ月くらいたったある日、Ｗさんはお得意先のＹ商店に行き、融資のプランを説明していた。やがて話が進んで、Ｗさんが「社長さん、ひとつこのプランで何とかお願いできないでしょうか」と言うと、商店主は笑いながら「そうやなァ、まァ勘考しとくでね」と答えた。

Ｗさんは、これは脈があるぞと思い、その日は引き上げ、後日Ｙ商店を再び訪ねたが、商店主の返事は期待外れのＮＯだった。Ｗさんは「かんこうしとくでね」と言われたので、「考えておく」「検討しておく」と理解し、前向きにとったのだが、「勘考する」という表現の中に、やや否定的なニュアンスのあることに気がつかなかったのである。

商店主がはっきり断らず、商売人らしく遠回しに「勘考しとくでね」と答えたため、Ｗさんの誤解が生まれたようだ。この時以来Ｗさんは、お客さんから「勘考する」ということばが出てくると警戒し、もう少し突っ込んだ話をするようにしている。

しかし「勘考する」も、「この話、勘考してまえんかな?」と言った場合、むしろ積極的に考えてほしいというニュアンスがあり、いずれも交渉事にはぴったりの用語と言えそうだ。なお、いささか古い方言として「勘考場《かんこうば》」ということばがあるが、これは「トイレ」のこと。なるほど、一人こもって考えるにはもってこいの場所かも知れない。

かんこうばって
こう言うこと
じゃないと
思うんだけど…
CAN FACTORY

「下手するとドベ！」「岐阜出身じゃない？」

東京の広告代理店でセールス・プロモーションの仕事に携わる、岐阜市出身N子さんの忘れられない「これぞ岐阜弁『ドベ』エピソード」である。

N子さんは、東京の大学を卒業したあと今の仕事についたので、東京での生活は通算二十年になる。ある日、会社で新企画についてのミーティングが行われ、N子さんとデザイナー、セールス担当者などのスタッフ七人が集まった。ひと通り打ち合わせが済んだあと、雑談しているうちにいつしか小学校時代の運動会の話になり、それぞれの自慢話や失敗談で盛り上がった。

やがて「N子さんはどうだった？」と聞かれたので、こう答えた。「私の場合はね、確か小学校五年生の時の運動会だったと思うんだけど、一〇〇メートル走で、ヨーイ・ドンでスタートしたの。誰かフライングしたらしいんだけど私は気がつかなくって、そのまんま走っちゃったわけ。結局そん時全速力で走っちゃったから、やり直しさせられて走った時は二着。その頃の私、自分で言うのも何だけど、足は速かったんだ。ただ、二回目走った時に途中でよろけちゃったから、下手するとドベになってたかもしんない」

N子さんの話の「ドベ」のあたりで、みんなが首をかしげた。その時、社内の同僚ながら初対面のデザイナーK夫さんが、笑いながら言った。「N子さん、出身は名古屋か岐阜じゃない？」

N子さんは「どうして分かったの?」とびっくり。

「だって、今『ドベ』って言っただろう? ぼくは名古屋だけど『ドベ』ってのは、中部地方の人しか言わないんだ」。この時、N子さんは、「岐阜弁は使わんつもりやったけど、わっちは、まんだ修業が足りん」と思ったそうだ。


「ビリ・最後・最下位・どんじり」をいう「ドベ」は、岐阜を中心に三重・愛知・静岡・長野・新潟・富山・石川・福井・滋賀各県で元気に活躍しているほか、奈良・兵庫・愛媛・山口・福岡・大分・熊本などの各地にも生息している。

　ちなみに、岐阜県内では「ドベ」をはじめ、「ドベクソ・ドベケツ・ドベコツ・ドベッツ・ドベッチョ・ドンケツ」などドベ一家が勢力を誇っている。このほか「アト・イチバンシリ・イットケツ・ケツジリ・ケッホ・ケツッホ・シマイ・ドジリ」などもあり、バリエーションは豊かである。

飛騨
栗きんとん

第二章
方言を「勘考《かんこう》」する

岐阜弁おもしろエピソードを楽しんだあとは、方言を「勘考（かんこう）」してみよまい（＝方言を考えてみよう）。

まずは、みなさんがどの程度、岐阜のことばを知っているかを確かめるために、岐阜のことばクイズにチャレンジしていただこう。岐阜県の広さを実感していただけるはず。続いて方言に関わる様々な情報をお届けする。

例えば平安時代の初めの頃に、すでに「飛騨方言」ということばが都で使われていたことや、「かかはゆひ」や「をそがい」などの岐阜方言が載っている江戸時代の方言辞典『物類称呼』のこと。柳田國男が実施した「かたつむり」の全国方言調査で明らかになった「方言周圏論」や、岐阜の「アホバカことば」の「たわけ」もかつて京の都で使われていた古いことばであったことなど……方言について案外知られていないことを紹介する。

方言を勘考する①

岐阜のことばクイズ～これが分かれば岐阜弁博士！

同じ岐阜県内に住んでいても、初めて耳にすることばや意味の分からない方言を聞いたことがあると思う。次に紹介する方言はすべて岐阜弁だが、理解できるだろうか。これが分かれば、あなたも岐阜弁博士だ。正解は第四章の「岐阜のことば小辞典」でお確かめ下さい。

1　ちょっと、そこの**あみでっき**取って（多治見市・高山市・飛騨市）
2　おまはん**いいだしこきだし**やで、まわしをやりゃー、えか（岐阜市）
3　降り出さんうちに、はよ**行かーず**（多治見市）
4　最近あいつは、**いこいとる**（飛騨市）
5　Kさんは、どえれー**いっこく**なじんやった（岐阜市）
6　あそこのボー、**いんにゃまほんね**、おーじょーこくなも（関市洞戸）
7　そんな、**うーたかひょーたん**しとっちゃあかんて（関市）
8　**うじょよみ**こぼしとらんと、さっさと働きゃー（可児市）
9　そのやり方は、**ええころはちべー**やなぁ（美濃加茂市）
10　今度の日曜、**えざらい**やで（輪之内町・羽島市）
11　そんな大きいもん、こんなとこに、**おいとけすかい**（下呂市）

12 あんたは、ゆんべも、**おーはんじょ**やったね（羽島市）
13 岐阜の雑煮は、上から**おかめ**をかけるんやぞ（岐南町）
14 フランス料理のメニューの横文字に**おぶれて**まった（郡上市）
15 あの子は、誰にでも**おめる**であかんわ（安八町・大垣市）
16 **かたみつばんこ**に、やろまいか（美濃加茂市）
17 今夜のしみで、**かってこ**になっとるで、雪の上歩けるぞ（白川村）
18 **くさんじ**が屁ーこいたで、くさーてかなわんなも（関市洞戸）
19 この**くもじ**、うめーぞ、食ってみてくれんさい（高山市・飛騨市）
20 お菓子の大きい小さいで、そーも**こぜんな**（高山市・飛騨市）
21 風邪ひいて、鼻の下が**コベコベ**になってまった（岐阜市・北方町）
22 あいつは、**ざいごさ**やでな〜（飛騨市）
23 **さっぱり**、嘘を言うやないぞ（中津川市）
24 **さんまさんま**、来てくだりゃーて、ありがとね（可児市・美濃加茂市）
25 **しぶち**が降ってきたもんで、小寒かった（富加町・大野町・美濃加茂市）
26 そんな、**じゃけらこい**こと、言いんさるな（美濃市）
27 そんな、**しょしゃ**で座っとったら、猫背になるぞ（下呂市）
28 今夜は、**すくいもり**にしよめーか（岐南町）
29 そんなだらしねーかっこーしとらんと、ちゃんと**せめかやー**（岐阜市）

30 黙っとれ、おまーが**せんしょ**こくことやなー（瑞浪市・中津川市）
31 あんたんとこは、**そーましー**家庭やで、めーにち飽きんやら（岐阜市・瑞浪市）
32 おまはん、わしをそーも、**ぞめく**やなーぞ（可児市）
33 お父ちゃんに、**ぞんげる**ぞー（中津川市）
34 大事に、**たばって**おきなれ（郡上市）
35 それじゃ、**ためらって**行きないね（高山市・飛騨市）
36 歩きすぎて、足が**だるやめ**しとるんや（岐阜市）
37 夜は、しっかり**つめをかって**、寝るんやさー（高山市・飛騨市）
38 せんせー、胸が**てきないんやさー**（高山市・飛騨市・郡上市）
39 おめー、**ですこ**、ひれーな（御嵩町）
40 **どんびき、きめにいって、でんがった**（中津川市付知町）
41 冬は**でんち**着て、こたつにへーっとるのが一番やて（岐阜市・美濃市）
42 **どべどん**に行くのはえーけど、気ぃーつけーよ（大垣市）
43 このきりぼし、**なましい**んやない？（美濃加茂市）
44 あの店は、**なんでか**あるよ（羽島市・各務原市・多治見市）
45 誰も客がおらへんで、**ネズミにひかれそーや**（池田町）
46 **ひなた、はがね、けーちょくれ**（美濃市牧谷）
47 ブランコは、**はながい**に乗って遊ばな、だちかん（東白川村）

48 味ごはんやったで、**はらほーず**食わしてもらった（美濃加茂市）

49 さっきの店の**ひきずり**、うまかったなー（岐阜市・安八町・北方町・美濃加茂市）

50 **へぼ**めしは、どーらい、うまいに（恵那市串原）

51 てめー、**べんこー**なこと言うなよ（高山市・中津川市）

52 いざという時のために、**まつぼり**しとかなあかんよ（美濃加茂市・関市・美濃市）

53 **まんまんす**に立て！（本巣市）

54 **むでんに**、はんちくてー（飛騨市）

55 新しい店員さんやで、何回も聞きに行ったり、まー、**めどろい**でいかんわ（岐阜市）

56 ひも先が**もせて**まってだしかん（下呂市）

57 仕事がどえれー多すぎるもんで、**もちかにほいて**まった（岐阜市）

58 今度の日曜日、屋台**やわい**やで、頼むな（高山市・飛騨市）

59 **雪またじ**、済んだかなーあ？（高山市・飛騨市）

60 おばーちゃんは、**よばり**の九十歳になったげな（岐阜市）

「飛騨方言」という言葉は『東大寺諷誦文稿《ふじゅもんこう》』に初登場

岐阜県の方言が、古い時代の記録に登場したのは、平安時代の『東大寺諷誦文稿《ふじゅもんこう》』からといわれる。同書には「此当国方言、毛人方言、飛騨方言、東国方言」という記述がある。

当時の律令制度によって、山国の飛騨高山からは、米や織物を納める代わりに、腕の立つ木こりや優秀な木工技術者を、年間約一〇〇人奈良の都へ送り込んだ。飛騨の職人たちは、法隆寺や飛鳥寺、東大寺などの建立をはじめ、平城京や平安京の造営に携わり、飛騨の匠として高い評価を受けるようになった。中でも日本最古の仏像と言われる飛鳥大仏や法隆寺の釈迦三尊像などの作者と言われ、飛鳥時代を代表する仏像製作者・鞍作止利《くらつくりのとり》（止利仏師《とりぶっし》）は、その祖父・鞍作司馬達等《くらつくりのしばたっとう》が渡来人と伝えられる一方、飛騨・河合天生の山中で生まれたという伝承がある。また、東大寺や石山寺の造営工事に従事した飛騨国荒城郷出身の工匠・勾猪麻呂《まがりのいのまろ》は、木工散位寮散位八位下から八位上に昇進するなど、木工資格を持つ飛騨の工匠の中でも群を抜いた存在で、任期が終わったあとも、その秀工ぶりを買われて都に留まったという。

「飛騨方言」は、飛騨の職人たちの話していたことばを指すものと見られ、飛騨方言ということばが使われた最も古い例になる。この記述を通して、この頃すでに「方言」という考え方が存在し、飛騨が都とは違うことばを使う地域として考えられていたことが分かる。当時の飛騨の匠たちを前に、棟梁は「法隆寺は、お国の仕事やで、げばいてまったらだしかんぞ！（失敗したら駄目だぞ！）」

とはっぱをかけていたに違いない。

国語学者の大野晋さんは、柿本人麻呂の長歌の内容から、当時の中央人にとって、飛騨・美濃は尾張と同じ程度に東国と意識されていたものと推定している。ともあれ、現在も、奈良県橿原《かしはら》市には、飛騨町と上飛騨町という地名が残っていて、かつて飛騨の匠たちが、このあたり一帯に住んでいた名残だと伝えられている。このようなことから、飛騨高山まつりの森・平成の屋台を制作した中田金太さんを中心に、飛騨の人たちと奈良の人たちとの交流が行なわれた。

橿原市飛騨町（写真提供＝橿原市役所総合政策部広報広聴課）

宣教師ロドリゲスが耳にした日本語とは？

室町時代の終わりごろから、ザビエルやルイス・フロイスなど多くの宣教師が滞日し、キリスト教を布教するのに必要だった、当時の日本語についての貴重な記述が残されている。イエズス会の神父ロドリゲスは『日本大文典』（一六〇四～一六〇八年）の中で、日本の方言を「京、中国、豊後、肥前・肥後、筑後、筑前・博多、下（＝九州）、備前、関東または坂東」の八地域に分けている。

彼はまた、「都（京）のことば（当時の中央語）が最も優れ、ことばも発音もまねるべき」と考えていたので、「三河から東の地方は物言いが荒く、鋭く、多くの音節を呑み込んで発音しない、独特で粗野なことばが多い」と指摘し、東のことばの評価は極めて低い。

このほか関東または坂東のことばについて、次のように記している。

①「習うべい」のように「べい」を盛んに使う。
②（京で使われる）打消しの「ぬ」の代わりに「ない」を使う。「申さない」など
③（京で使われる）形容詞の「白う（しろう）」（ウ音便）の代わりに「白く」などのように書き言葉の「く」で終わる形を使う。
④（京で使われる）「習うて（なろうて）」（ウ音便）の代わりに「習って」や「買って」（いずれも促音便）という。
⑤「都へ行く」の「〜へ」の代わりに「都さ行く」のように「〜さ」を使う。

⑥（京で使われる）「しぇかい（世界）」の「しぇ」の代わりに「せかい（世界）」のように「せ」と発音する。

などと、東国方言の特徴をこのように説明している。

⑥のように、かつて京の都では、「世界」や「先生」を「しぇかい」や「しぇんしぇい」と発音していたことが分かる。現在、長崎県や福岡県、佐賀県の人たちが発音する「しぇかい（世界）」や「しぇんしぇい（先生）」は、「なまっている」などと差別されがちだが、実は中世期末の京の都の標準的な発音をそのまま残し、今に伝えている貴重な発音なのである。

美濃飛騨のことば「かかはゆひ」や「をそがい」も掲載

～江戸時代の方言辞典『物類称呼』～

江戸時代の江戸のことばは、関東方言をベースにして、それまでの中央語としての上方語（京・大坂のことば）を取り入れながら形成されたと言われ、元禄期に入ると、庶民の間では、のちの江戸っ子のべらんめー口調のルーツとなる六法ことばが広がり、いわゆる江戸弁が登場する。

同じ時代、目を全国に向けると、各地の方言がそれぞれに自己主張し、雑居しているような状況だった。このようなことから、他の地方のことばを理解できるようにするため、一七七五年（安永四年）には、当時としては珍しい辞典『物類称呼《ぶつるいしょうこ》』が出版された。

これは、俳人で方言研究家の越谷吾山《こしがやござん》が調べた、全国各地の方言語い四〇〇〇語を五〇〇項目に分類し解読した労作で、五巻五冊で構成されたわが国では初めての方言辞典であった。

ちなみに『物類称呼』で、江戸時代の岐阜のことばを調べてみると次のような説明が、見られた。

例えば、地名別索引（地名目次）で「美濃」の項のことばの中から「かかはゆひ」を見ると、『「差明（まばゆし）」といふ事を中国にて「まぼそし」と云（いう）。美濃尾張辺にて「かかはゆひ（イ）」と云。土佐にて児童など「ばばいひ」といふ（「ば」の濁音は「ま」の清音にふよふ也）』と解説している。「かかはゆひ」は現在の岐阜弁「かがはいい」「かがはええ」につながる古語であり、本書第四章「岐阜のことば小辞典」でも紹介している。

また「飛騨」の項の「をそがい」を見ると、『「おそろし・こわし」。畿内近国或いは加賀及四国などにて「をとろしい」と云(いう)。西国にて「ゑずい」と云。薩摩にては人に超(こえ)て、智の有を「ゑずい」と云。伊勢にて「をかれい」と云。遠江にて「をそおたい」といふ。駿河辺より武蔵近国にて「をつかない」といふ。飛騨及尾州近国又は上総にて「をそがい」と云。按に「をそがい」と云詞は恐れ怖(こわ)いの略語也』とある。「おそがい」は今も岐阜県内と愛知県内で愛用されていて「岐阜のことば辞典」にも登場している。

この『物類称呼』の序文の後半で越谷吾山が書いていることを要約すると、「都を中心とする地域にも俗語があり、辺鄙な地方にも洗練された優美なことばもあるので、いちがいに良い悪いは判断できない。しかし、正しい音声は京都以外にはない。他の地域のことを知らない子どもに、あらゆるものに色んな言い方があることを分からせて、遠くから来る友のことばを笑うようなことをしないために、あえて『物類称呼』と名付けた」と説明している。

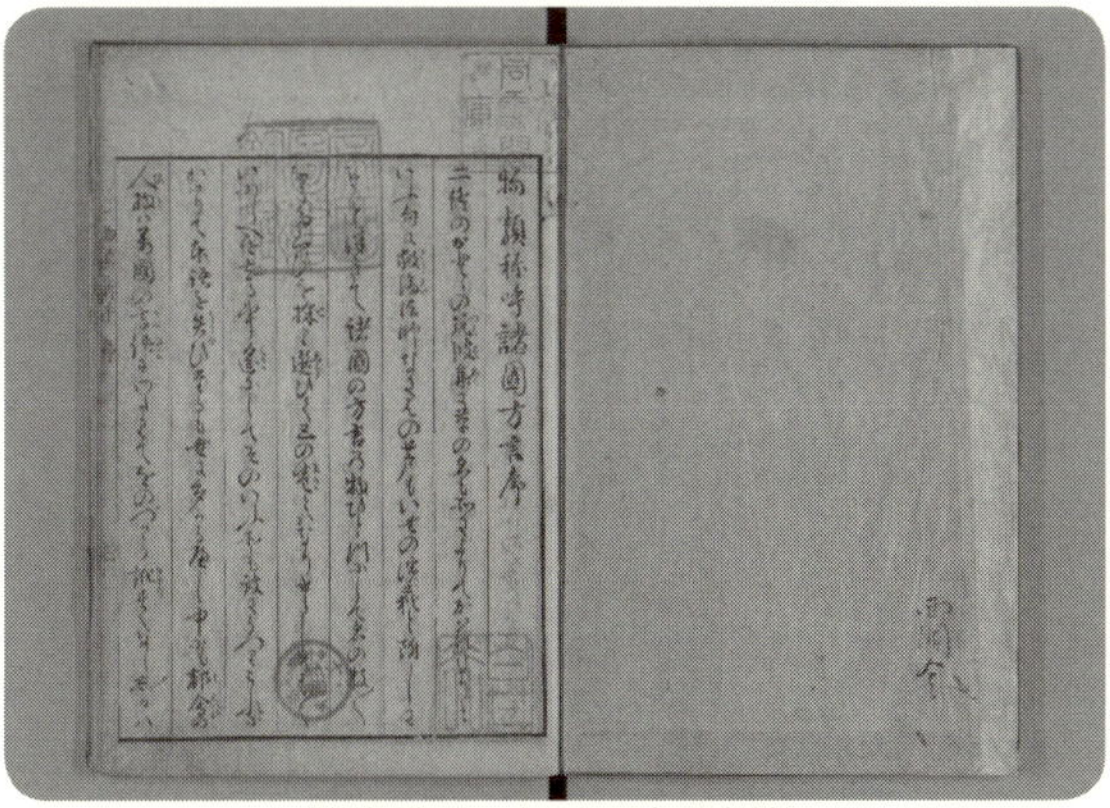

『物類称呼』(国立国会図書館)

東西方言の境界線は岐阜県境付近に
～画期的な牛山論文で明らかに～

明治に入ると、一九〇二年（明治三十五年）に、当時の文部省に国語調査委員会（主査委員・上田万年）が設けられ、翌一九〇三年に方言の音韻と口語法についての日本で初めての全国的な方言調査が行われた。

その結果、方言文法で日本語を東西に分けると、越中（富山県）、飛騨・美濃（岐阜県）、三河（愛知県）と越後（新潟県）、信濃（長野県）、遠江《とおとうみ》（静岡県）の間に境界線が引けることは分かったが、各府県の報告のばらつきによって、大まかな分布図しかできず、東西方言の境界については更に綿密な調査が必要と言う結論に落ち着いたのだった。

時代は進んで一九二六年（昭和元年）、長野県茅野市出身の牛山初男さんは、地元の諏訪中学（現諏訪青陵高校）から東洋大学に入学し、橋本進吉さんの「国語学概論」を受講した。上代語研究に大きく貢献し、のちに国語学会の初代会長になる橋本さんは、この講義で東西方言の対立に触れ、語法の違いの例として、「①行かない／行かん（ぬ）②これだ／これじゃ（や）③白くなる／白う（白）なる　④起きろ／起きよ　⑤買った／買うた」の五つの分布を説明。境界地域でのこれらの精査が必要だと力説し、若い牛山さんの頭脳に強く焼き付いた。

大学を卒業した牛山さんは、出身地の長野県で教員になったが、当時読んだ東条操さんの「本州西部の方言」に目が釘付けになった。それには、「長野・岐阜の如き重要な地点に、言語地理学的な調査がないのは如何にしても遺憾な次第である。まずは語法事実の調査に着手したいものである。（長野の）北信と南信、（岐阜の）東濃と西濃の言語分布が明らかにされる時に、中部方言と関東や近畿の方言との関係が一層明らかになるであろう」と書かれていた。牛山さんはこの時、大学時代に感銘を受けた講義を思い起したのだが、いかんせん時代は太平洋戦争に突入しており、やがて牛山さんも応召した。

日本が敗戦し、復員した牛山さんは出身地の永明高校（現・茅野高校）の花蒔分校に主任として迎えられ、余裕が出来たので念願であった東西方言の対立の研究に入った。大学時代の師である橋本進吉さんが示した、「①行かない（東）／行かん or 行かぬ（西）②これだ（東）／これじゃ or これや（西）③白くなる（東）／白（しろ）うなる or 白なる（西）④起きろ（東）／起きよ or 起きい（西）⑤買った（東）／買（こ）うた（西）」の五項目について、当時の高校生と五十歳以上の人を対象に通信によるアンケート調査を実施した。

このうち直接足を運んだ地方もかなりあったが、当時の交通は今に比べるとずい分不便な状況にあり、食べるものにも不自由し、旅館に泊まる時には米を持参するような苦しい時代であった。二年がかりの調査を終え、牛山さんは茅野の長く厳しい冬の間、分校の一室の薪ストーブで手を暖めながら、回収した膨大な調査資料を一枚ずつ調べながら分布図を作成していった。

こうして牛山さんは、東西方言の境界線について、「北は新潟と富山の県境と、南は静岡と愛知の県境を結ぶ線が、東西方言の境界線ということになる。北は日本アルプスによってはっきりと境界をなすが、南は混用が多く、一線をもって画することは困難である」と結論づけたのである。

そして調査研究の結果を、「北陸から中部地方を中心とする東西方言の分布図」にまとめ、「語法上より見たる東西方言の境界線について」という論文を作成した。

国立国語研究所に送られた論文は、当時研究員だった柴田武さんから方言学の権威・東条操さんに送られ、東条さんはその内容に息をのんだという。東条さんの勧めによって、一九五三年（昭和二十八年）七月、学会誌『国語学』12集に掲載された論文は高く評価され、当時ほとんど無名だった牛山さんは一躍知られる存在となった。

このように牛山さんが調査しまとめた分布図（図1は分布図をもとに再構成したもの）を見ると、①の「行かない／行かん」を除く、②の「～だ／～じゃ（や）」、③の「白くなる／白うなる」、④起きろ／起きよ」、⑤「買った／買うた」の境界線は、すべて岐阜県境を通っており、明らかに岐阜県に東西方言の境界線が集中していることが分かる。

これらの境界線は、主に方言の語法（文法）の違いで線を引いているが、これとは別にアクセントの違いでは、三重県内に東京式と京阪式のアクセントの境界線がある。これについては別項で紹介するが、いずれにしても岐阜県境や周辺には東西方言の境界線が混在していることになる。

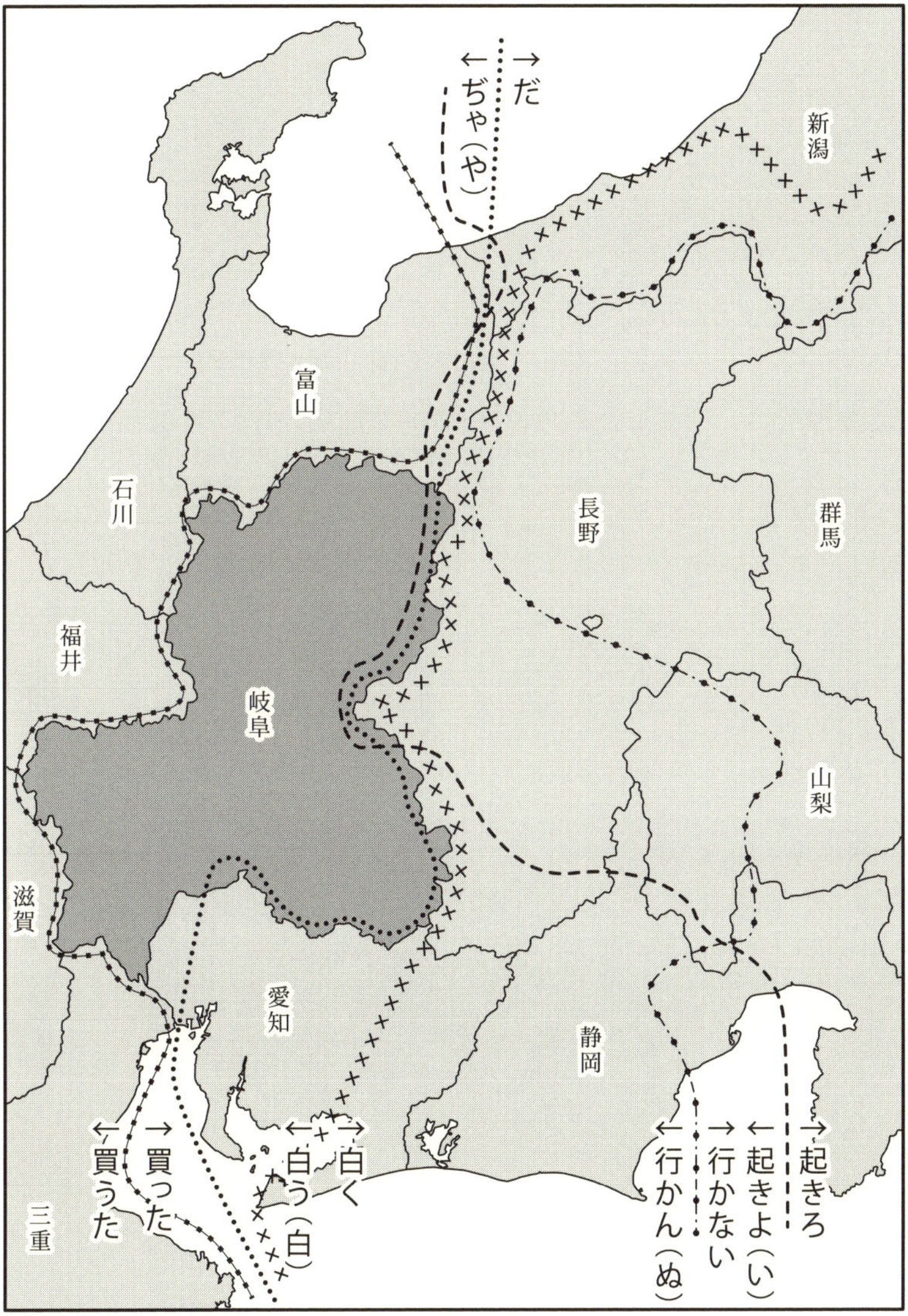
→だ
←ぢゃ（や）
新潟
富山
石川
長野
群馬
福井
岐阜
山梨
滋賀
愛知
静岡
三重
←買うた
→買った
←白う（白）
→白く
←行かん（ぬ）
→行かない
←起きよ（い）
→起きろ

図1　東西方言の境界線

方言を勘考する⑥

長野「起きろ・出発だ」→岐阜「起きよ・出発じゃ」

昔から飛山濃水と言われる岐阜県は、海抜0メートルの輪中地帯から標高三〇〇〇メートル級の飛騨山脈まで起伏に富んだ地形をしている。特に山岳地帯では、古くから何本かの峠道が通り、峠によって東西が結ばれていた。

有名な野麦峠は乗鞍岳の南にあり、かつては飛騨と信州を結ぶ重要な交通路であり飛騨街道（野麦街道）の最大の難所であった。昔信州で飛騨ブリと呼ばれたのは、富山湾でとれたブリが飛騨を通り、この峠道をぼっか（歩荷）によって運ばれたもの。また製糸業が盛んだったころは、信州の工場で働く飛騨出身の若い女性たちが、峠を越えて故郷との間を行き来した。『ああ、野麦峠』は、その時代の女工哀史として知られる。

古い時代から飛騨と信州を結んだこの峠について、長野県出身の日本語学者で、信州大学名誉教授の馬瀬良雄さんは、東西方言の視点から著書『信州のことば』の中で次の

野麦峠（写真提供＝松本市商工観光部山岳観光課）

ように解説している。

「峠の両麓の最も奥の集落、信州側奈川《なかわ》村川浦（現・松本市奈川）と、飛騨側高根村野麦（現・高山市高根村野麦）の間は、村人によれば、近い三里、健脚の者だと夏道で二時間余りの行程だった。ここで両麓の方言の違いを見よう。

（信州側川浦）

『早グ　起ギロ。雨　降ッテルケンド　元気　出シテ　出発ダ。』

（飛騨側野麦）

『早（はよー）、起ギヨ。雨　降リヨルケード、元気　出イテ　出発ジャ』

全体として前者に東の方言、後者に西の方言をはっきりと見て取られたと思う。日本の屋根飛騨山脈は、地理的だけでなく、ことばの上でも日本語を東西に分かつ分水嶺の役割を果たしていることが分かる。」

馬瀬さんの言う信州側と飛騨側のことばの違いは、前項⑤のように、牛山初男さんが明らかにした東西方言の語法（文法）の違いを裏付けていることにもなる。

方言の境界を示す恵那市の「だじゃの松」

既に紹介したように、東西方言の境界線の一つに「〜だ」と「〜じゃ」の境界線があり、岐阜県と長野県、岐阜県と愛知県の県境を通っている。岐阜県と長野県の県境からは少し離れ岐阜県内になるが、恵那市三郷（みさと）町に「だじゃの松」という伝説の木がある。

現在の国道四一八号線沿いで、東側に当たる恵那市山岡町（旧・久保原村）と、西側に当たる三郷町（旧・佐々良木村）の境界近くの峠に、一本の松の木が立っていた。昭和初期までは、道まで枝が伸び、幹の太い部分は、子ども二人でやっと抱えられるくらいの大木だったという。しかし老木だったためやがて枯れてしまった。

では、なぜこの木に「だじゃの松」という名前がついたのだろうか。地元に伝わる話や「三郷の昔話」などによると、ネーミングの由来は今から三百年ほどさかのぼることになる。

当時、峠の東側に住む村人たちは「ああだ、こうだ、そうだ、なんだ」と言い、西側の村人たちは「あじゃ、こうじゃ、そうじゃ、なんじゃ」という言葉使いだった。そして峠の東からやってきた人がこの松の木を見て「おおきな松だ」と言い、西から来た人は「大きな松じゃ」と言った。そして峠の一本松の木の下で「やっとかめだなも」「やっとかめじゃなも」(「久しぶり」の意味）と挨拶し合ったという。

このようないきさつから、言葉の語尾の「だ」と「じゃ」を使い分ける境目にあった木が「だじゃの松」と呼ばれるようになった。このことがテレビ東京の「トコトン日本語」でとり上げられ、同番組に出演していたアクセントや方言を含む日本語研究の大御所・金田一春彦さん（故人）は、『だじゃの松』は、方言の境界を示す全国的にも珍しい事例。私も教壇で学生たちに話している」とお墨付きを与えた。

同市郷土史研究会会長の勝良典さん（八十七歳）に聞いてみると、「小さい頃、三郷町の旧殿畑地区にあった私の家の畑の中に大きな松の木があった。祖母たちから「だじゃの松の木のことは良く聞いていた。今では標準語で「～だ」と呼んでいるみたいだが……」と話す。

テレビ番組で紹介されたのがきっかけとなり、枯れてしまった「だじゃの松」を復活させようと、勝さんを中心とする同研究会のメンバーが寄付を呼びかけた。そして集まった寄付金に加えて、佐々良木生産森林組合から松の木と土地が提供され、一九九九年四月に二代目の「だじゃの松」が元の場所から国道四一八号を挟んで南に約五メートルの所に植えられ、そのすぐ横に由来を記した記念の石碑が設置されている。

「だじゃの松」と記念碑（写真提供＝勝良典さん）

岐阜県方言の区画と特色

岐阜県は東西方言の境界地帯にあり、しかも本州のほぼ中央に位置する内陸県で、七つの県と接しているため、岐阜県の方言は極めて複雑な様相を見せている。

県内の方言は、大きく飛騨方言と美濃方言に分かれる。さらに飛騨方言は北飛騨方言と南飛騨方言に、また美濃方言は西美濃方言と東美濃方言、奥美濃方言とに分けられる。各方言区画内にある自治体はおよそ次の通りである。（図2参照）

（1） 各方言区画内の自治体

①北飛騨＝高山市、飛騨市、白川村
②南飛騨＝下呂市
③西美濃＝岐阜市、大垣市、各務原市、海津市、揖斐川町、関市、関ケ原町、美濃市など
④東美濃＝多治見市、土岐市、中津川市、恵那市、瑞浪市、東白川村など

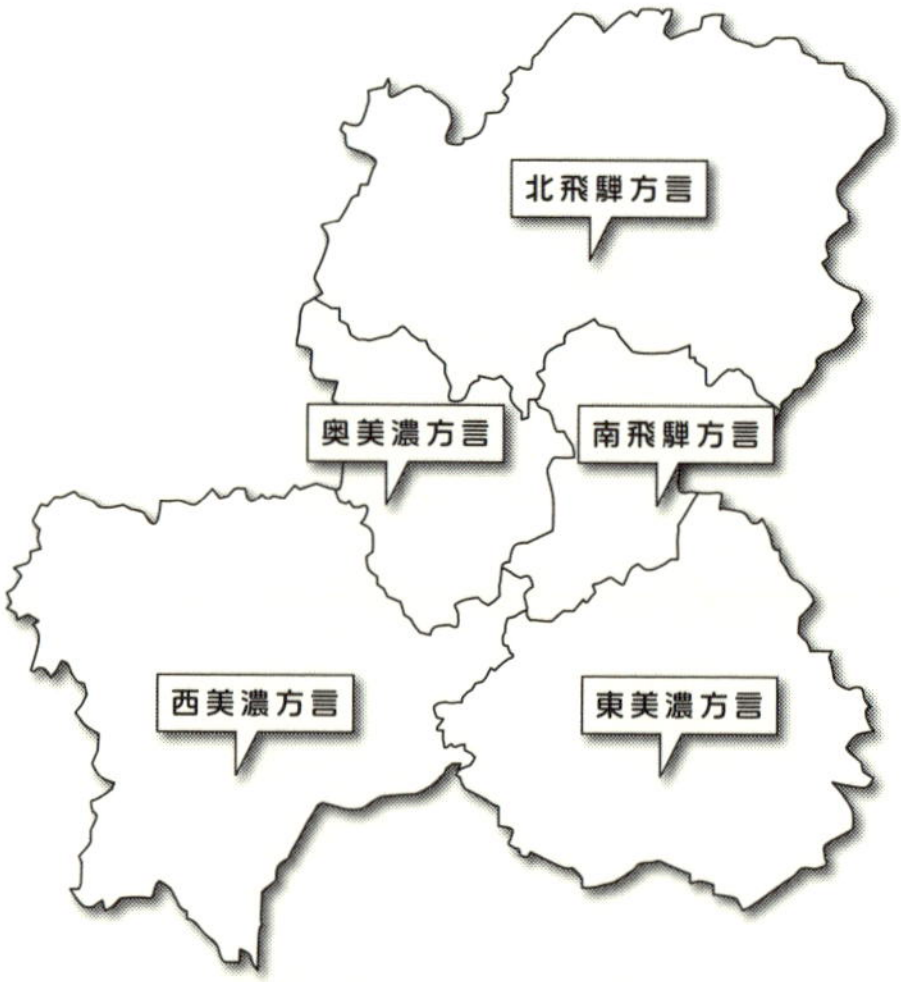

図2　岐阜県の方言区画

⑤奥美濃＝郡上市

（2）方言は語い、語法、音韻、アクセントで出来ている

方言は、語い（単語）、語法（文法）、音韻（発音）、アクセントの四つの要素を総合したものだ。例えば共通語の「画鋲《がびょう》」を、岐阜で「がばり」というのは語いの違いである。共通語の「赤くなる」を岐阜で「あかなる」とか「あこなる」というのは語法の違い、共通語の「大会（たいかい）」を「てぁーけぁー」というのは音韻の違い、共通語では「り」の音節を高く発音する「ありがとう」を、岐阜で「が」の音節を高く発音するのはアクセントの違い……ということになる。

これらの方言の四つの要素は、人間の言語形成期と言われる五～六歳から十一～十三歳頃までの間に育った地域で、自動的に頭脳にインプットされる。例えば郡上市でこの期間を過ごした人は、郡上方言の語い、語法、音韻、アクセントが自然に身につく。その後成長して、大学生の時や、転勤などによる他県での生活経験があったとしても、言語形成期に身についた母語の基本部分は、生涯その人の長い友となる。それは自然なことであり、その人のアイデンティティーにもなる。

（3）岐阜県方言の「語い」の特色

①岐阜弁の語いは、東西両方言をはじめ、隣接する県と共有する語いも見られ、それぞれの特徴が入り組んでいる。特に岐阜・愛知両県はギア方言と呼ばれているように愛知県に接する県内の地域では、共有する語いが極めて多い。

例えば、「あいさ、あからかす、あっちべた、あらけない、あらすか、行こまい、いざらかす、おうちゃくい、おそがい、（鍵を）かう、かんこうする、くろ・ぐろ、こぎる、ざいしょ、たいもない、だだくさ、たわけ、ちょうすいとる、（机を）つる、づつない、どべ、なまかわ、なぶる、ばりかく、ひきずり、ほかる、まあはい、まっと、～まるけ、まわし、まんだ、～（して）みえる、もうやい、ももた、めんぼ、やっとかめ、やりゃー、よったような、よど、らっしもない」などなど。このように、岐阜県と愛知県の方言は親戚関係にあるといってもおかしくない。

②滋賀県や三重県に接する西南濃地方では、関西方言とほとんど同じか少し変化した程度の語いが多く見られる。例えば「あかへん、あかん、あらへん、あんじょう、いやや、いらう、えらい、えろう、おっきい、おじゃみ、おちょくる、おもる、（米を）かす、きてーな、ぎょーさん、けったくそ、さいなら、しもた、すかたん、せんかい、せんど、そやろ、たんと、だんない、ちょびっと、どんならん、なすび、ぬかす、はよ、ひちや、ほったらかす、やったろか、やらかい、よーけ、わやや」などである。

③長野県に接する飛騨地方や東濃地方では、「しみる（冷える・凍る）」「まる（大小便をする）」などのほか、東濃地方では「ずく（根気・やる気）」や「飲まず（飲もう）」「行かーず（行こう）」（信州の逆さ言葉）など長野県との共有語いが聴かれる。

④北陸地方の福井県、石川県、富山県と接する飛騨地方では、「てきない（胸が苦しい・つらい）」、「ためらう（体に気をつける）」や「だら（アホ・バカ）」などの共通する語いがある。

⑤同じ飛騨地方では、例えば「あとふき（慰労会・打ち上げ）」「くもじ（白菜などの漬物）」「げ

ばいた（馬鹿な・愚かな）」「こわい（気の毒・可哀そう・申し訳ない）」「ささって（あさって）」「つめをかう（鍵をかける）」「はんちくたい（じれったい・悔しい）」「べんこう（生意気・出しゃばり）」「またじ（後片付け・あと始末）」「やわい（準備・支度・用意）」など、美濃地方ではほとんど耳にしない特有の語いが聴かれる。

（4）岐阜県方言の「語法」の特色

①岐阜県内では、東日本的語法の「買った」「会った」とともに、西日本的語法の「起きよ」「食べよ」「赤（あか）なる」「白（しろ）なる」「行かへん（または「行かん」）」などが混在している。

②岐阜県方言は西日本的語法の「起きよ」「食べよ」に分類されるが、実際にはギア方言の「起きやー」や「食べやー」が広がりを見せている。

③東日本的語法の「いる」に対して、岐阜県内では西日本的語法の「居（お）る」が広く使われている。

④「落とす」「出す」「話す」の過去形「落とした」「出した」「話した」が、それぞれ「おてぁーた」、「でいた」「でぁーた」、「はないた」「はねぁーた」などのようにイ音便になる傾向がある。

⑤継続を示す「〜とる」や「〜ちょる」は、「雨が降っとる」「雨が降っちょる」のように使われ、「雨が降りよる」や「雨が降りょーる」のような形も見られる。とりわけ「〜ちょる」ことばは、関市や美濃市などの中濃地方に特徴的だ。

⑥昔から「美濃のじゃことば」と言われ、断定の語尾「だ」（東日本的語法）に対して、岐阜県内では「じゃ」が広く分布していた。しかし時代と共に「じゃ」は少数派となり、高齢者を含めて「や」

が広がりを見せている。

（5）岐阜県方言の「音韻」について

①母音の「a（ア）」と「i（イ）」が続き「ai（アイ）」と連母音になる場合、「エァー」のように融合する発音になる傾向が美濃地方西部で見られる。
（例）「愛情（aijou＝アイジョウ）」→「エァージョー」
「会社（kaisha＝カイシャ）」→「ケァーシャ」
「裁判（saiban＝サイバン）」→「セァーバン」
「大会（taikai＝タイカイ）」→「テァーケァー」
「内外（naigai＝ナイガイ）」→「ネァーゲァー」
「俳句（haiku＝ハイク）」→「ヘァーク」
「毎日（mainichi＝マイニチ）」→「メァーニチ」
「来客（raikyaku＝ライキャク）」→「レァーキャク」
②母音が続き「ai（アイ）」や「ae（アエ）」や「ui（ウイ）」や「oi（オイ）」のように連母音になる場合、東美濃西部（多治見市・土岐市・瑞浪市など）では「アー」「ウー」「オー」と長音で発音する傾向がある。
（ai＝アイの例）
「赤い（akai＝アカイ）」→「アカー」

「こわい（kowai＝コワイ）」→「コワー」
「ちょうだい（choudai＝チョウダイ）」→「チョーダー」
「深い（fukai＝フカイ）」→「フカー」
(ae＝アエの例)
「お前（omae＝オマエ）」→「オマー」
(ui=ウイの例)
「寒い（samui＝サムイ）」→「サムー」
(oi=オイの例)
「半分（ハンブン）青い（aoi=アオイ）」→「ハンブン、アオー」
「黒い（kuroi＝クロイ）」→「クロー」
「泳いだら（oyoidara＝オヨイダラ）」→「オヨーダラ」
(方言の例)
「行きたない（ikitanai＝イキタナイ）」→「イキタナー」
「おそがい（osogai=オソガイ）」→「オソガー」
「けなるい（kenarui＝ケナルイ）」→「ケナルー」
「たるい（tarui=タルイ）」→「タルー」
「ばばい（babai＝ババイ）」→「ババー」

(6) 岐阜県方言のアクセントの特色

① 近畿方言区画に隣接する西南濃地方の一部を除いて、県内全域でほぼ東日本式（＝東京式）アクセントである。

② 西日本式（＝京阪式）アクセントと共通する次のようなアクセントも見られる。（表1）

【表1】

（語い）	（東京式）	（京阪式）	（岐阜式）
靴を	つ く を	く つ を	く つ を
服を	く ふ を	ふ く を	ふ く を
父が	ち ち が	ち ち が	ち ち が
頭が	たま あ が	た あ まが	た あ まが
なす	な す	す な び	す な び
葉が散る	がちる は	は がちる	は がちる

【表2】

（語い）	（東京式）	（京阪式）	（岐阜式）
赤くなる	かくな あ る	か あ なる	かな あ る
行かない	かない い	い かへん	か い へん
白くなった	し ろくなった	ろ し なった	ろな し った

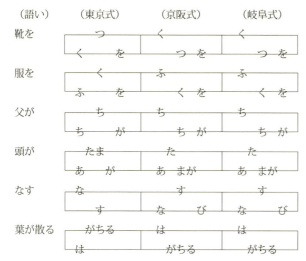

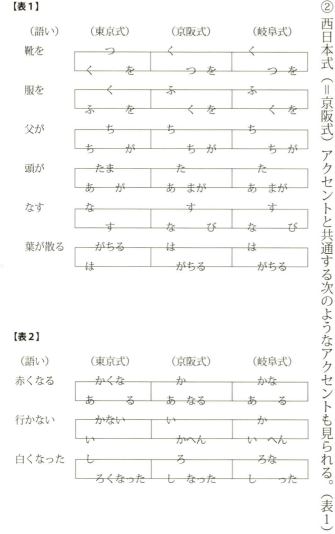

③ 語法は西日本式だが、アクセントは岐阜・愛知両県のギア方言独自のアクセントになる語いもある。（表2）

④ 語いは東日本式だが、アクセントが東日本式（＝東京式）とも西日本式（＝京阪式）とも違う、岐阜・愛知両県のギア方言独自のアクセントも見られる。（表3）

【表3】

（語い）	（東京式）	（京阪式）	（岐阜式）
赤い	かい あ	あ 　かい	か あ　い
うしろの	しろの う	し う　ろの	う 　しろの
お月さま	お 　つきさま	つ お　きさま	つき お　さま
楽しい	のし た　い	たの 　しい	し たの　い
うなずく	なず う　く	うなずく 	ず うな　く
なるほど	るほど な	ど なるほ	な 　るほど
ありがとう	り あ　がとう	と ありが　う	が あり　とう
おめでとう	めでとう お	と おめで　う	で おめ　とう
お名前を	なまえを お	ま おな　えを	な お　まえを
お土産を	みやげを お	を おみやげ	み お　やげを
大野さん	お 　おのさん	お お　のさん	おのさん お
後藤さん	とうさん ご	ん ごとうさ	ご 　とうさん
1月は	ちがつ い　は	いちが 　つは	ち い　がつは
11月は	ういちがつ じゅ　は	じゅういちが 　つは	ういち じゅ　がつは

７５７６円	
なせ　ひゃく　な　く な　ん　ご　な　じゅう　ろ　えん	（東京式）
せ　ごひゃく　なな　ろく なな　ん　じゅう　えん	（京阪式）
な　ひやく　な　ろ な　せん　ご　な　じゅう　くえん	（岐阜式）

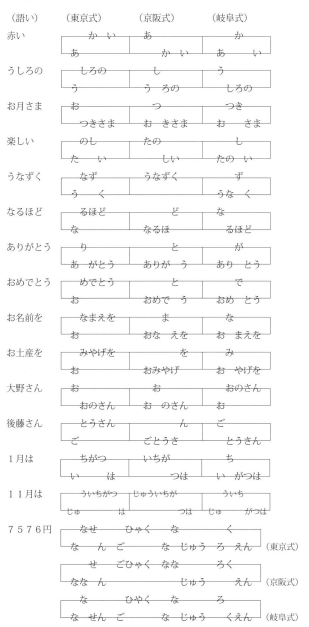

方言を勘考する⑨

三重県内の揖斐川が東西アクセントの境界線

～亀山出身・東大生時代の服部四郎さんが現地調査で突き止める～

日本語のアクセントは、①東京式、②京阪式、③一型式、④特殊式の四タイプに分かれ、中でも東京式と京阪式が二大勢力である。その東西二大アクセントの境界線は、三重県内の揖斐川にあり、川をはさんで長島町から東側が東京式、桑名駅のある桑名市から西側が京阪式となっている。

このことを初めて明らかにしたのは、亀山市出身の言語学者で元東京大学名誉教授の故・服部四郎博士である。以下は、竹内俊男さんの『東海のことば地図』をもとに服部博士の偉業を紹介する。

幼い時からことばに特別の関心を持っていた服部少年は、津の旧制県立中学で東京外語大学出の英語教師・高野鷹一先生から大きな影響を受ける。高野先生の話すきれいな江戸弁に少年の心は奪われ、授業の合間に聞かせてくれる東京のアクセントと津（京阪式）のアクセントとの違いのような話は少年を夢中にさせた。

やがて東京の旧制第一高等学校に進学し、寮で同室だった広島県出身の友人のアクセントが東京アクセントと同じなのを知り驚く。その頃から東京から出身地の亀山までアクセントがどのように変わるかを調べようと考え始め、東大に入学したあと、亀山に帰省する機会を利用してアクセント調査を始めた。

当時は、東京式アクセントが箱根で一割ぐらい変わり、大井川あたりで二割五分ほど、浜名湖付近で四割ぐらいが変わるのではないかと、何の根拠もなく、そんな風に考えられていた。

　服部さんは、まず小田原と三島を調べたが、東京式アクセントにほとんど変化はなかった。次いで沼津と天竜川を越えた浜松、そして豊橋、岡崎、名古屋までできたが、東京アクセントは変わらなかった。引き続き、昭和四年の春休みに地元三重県の長島と桑名を調べた結果、二つの町の間を流れる揖斐川が、東西アクセントの境界線であることを突き止めたのだった。

　翌昭和五年、服部さんの論文「近畿アクセントと東方アクセントとの境界線」が発表され、長島と桑名の間で東京式アクセントが一挙に京阪式アクセントに変わることが明らかにされた。この画期的な研究成果は当時の学界に大きな衝撃を与え、反響を呼んだ。このようにして、揖斐川には今も厳然として東西アクセントの境界線が存在すると、著者の竹内俊男さんは記している。

　今から約九十年前に、学生時代の服部四郎さんが、フィールドワークで調べた成果は、その後の日本のアクセント研究史上、揺るぎない学説になっている。同じ三重県内の隣同

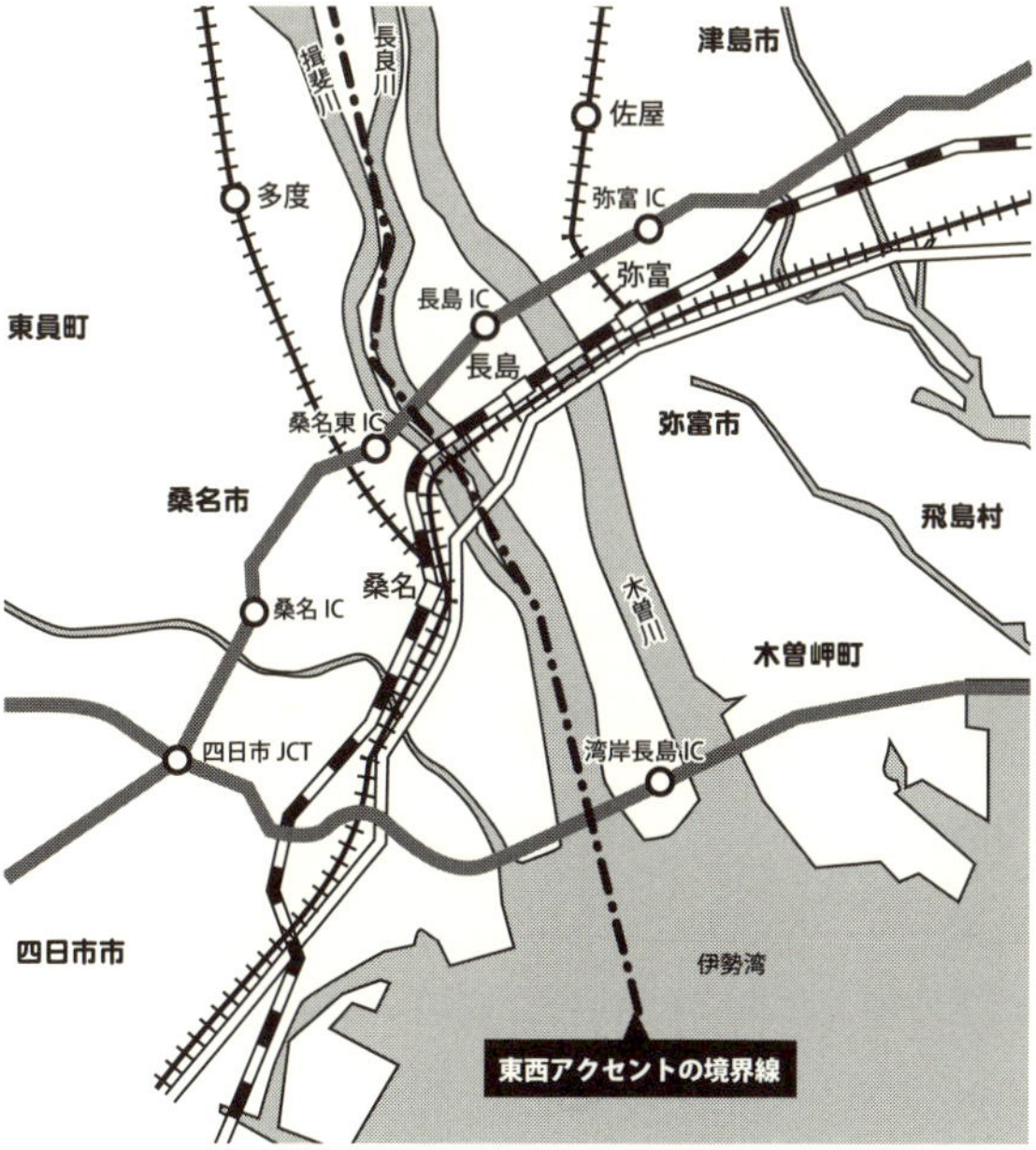

図3　東西アクセントの境界

士の地域で東西アクセントに分かれている背景として、①昔は橋がなく船で渡るのに長時間かかったといわれる揖斐川という地形的な問題があったこと、②揖斐川をはさんで東側の長島町と木曽岬町は古くから尾張国（東京アクセント圏）と接していたことなどが考えられる。

ちなみに、長島（東京式）と桑名（京阪式）の自治体の職員の方々から聞き取りをした両アクセントの具体例は、表4の「山」と表5の「緑」の通りである。日本語のアクセントは、高低タイプなので音楽的アクセントとも呼ばれ、二線譜で書き表すことが出来る。音符のドレミで言えば、二線譜の下の線をド、上の線をミの高さで発音すると分かりやすいと思う。

なお、岐阜県方言のアクセントは、滋賀、三重両県に隣近接する西南濃地方の一部を除いて、県内全域でほぼ東京式アクセントである。ただし、揖斐川上流域の岐阜県大垣市に隣接する不破郡垂井町では、京阪式アクセントと東京式アクセントの中間的なアクセントが見られ、これを垂井式アクセント（または京阪式変種アクセントなど）と呼んでいる。

【表4】

「山が」

（長島＝東京式）	ま	（ミ）
	や　が	（ド）
（桑名＝京阪式）	や	（ミ）
	まが	（ド）

【表5】

「緑が」

（長島＝東京式）	み	（ミ）
	どりが	（ド）
（桑名＝京阪式）	ど	（ミ）
	み　りが	（ド）

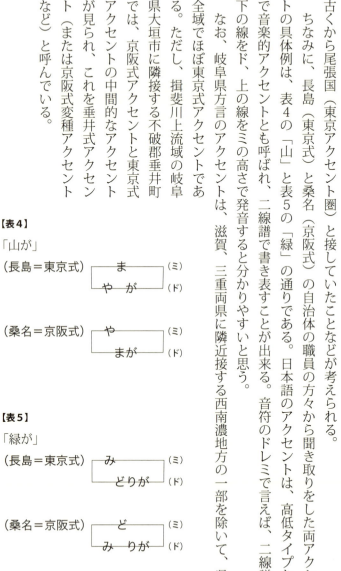

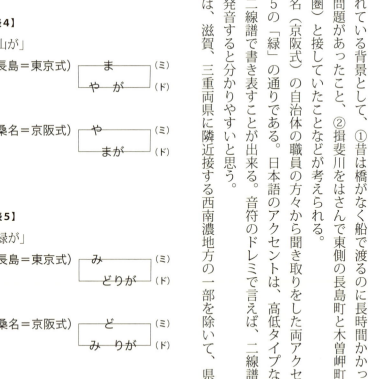

方言を勘考する⑩

「ささって」は「あさって」の次の日

岐阜弁おもしろエピソードにも登場した「ささって」は、飛騨の出身者ならほぼ誰でも分かるポピュラーな方言だ。「あさっての次の日」のことで、共通語では「しあさって」である。「ささって」は「さらいねん」の「さ」と同じ「次の」という意味の接頭辞「さ」に「あさって」がつき、「さあさって」または「ささって」となる。

飛騨地方では、「ささって、そっち行ってもええ?」とか「ささっての三時、駅で会わまいか」などと日常的に使われているが、時には岐阜弁おもしろエピソードのような誤解を生むこともある。「ささって」の使用エリアは、高山市、飛騨市、下呂市、白川村の飛騨一円に広がっている。

全国的に見ると「ささって」は、岐阜県の飛騨地方をはじめ三重県や愛知県、長野県の一部、それに石川県などで愛用されている一方、鹿児島県の南端から種子島、屋久島にかけても分布している。このほか北海道空知地方の富良野周辺でも親しまれていることが分かっている。

ちなみに「あさっての次の日」のことを、関西から九州にかけての西日本では「しあさって」といい、関東から東北にかけての東日本では「やのあさって」が多く聞かれる。ただし、東日本の「やのあさって」区域の中で、東京都区内だけは例外的に西日本と同じ「しあさって」といい、これが共通語(=標準語)として広がっている。

徳川宗賢編『日本の方言地図』に掲載されている「しあさって(あさっての翌日)」を示す方言地

図の中で「しあさって」「やのあさって」「ささって」に限定した分布は、図4の地図のようになる。

×印　ささって
灰色　しあさって
斜線　やのあさって
白地　①中部地方では「ささって」以外は「しがさって」「しやさって」「しわさって「しあさって」が混在。
②北海道では富良野周辺の「ささって」以外は「やのあさって」「やなさって」「しあさって」「ひいあさって」「ひあさって」がわずかに点在。

図4　「ささって」の使用範囲

大正初期の大垣弁の会話

ことばは時代と共に変化するが、岐阜県内の方言も、明治・大正・昭和・平成と様々に変化し、令和の時代を迎えている。今から百年以上前の大垣のことば・大垣弁が、昔と今とではどのように変わっているのかがよく分かる貴重な記録「大正初期の母と子と客との対話」が残されているので、紹介しようと思う。

これを記録したのは、明治四十四年に大垣市林町で生まれ、長く大垣の町で過ごした植川千代さん(故人)である。植川さんは、東京での三年間の学生生活のあと大垣市内で教職に就き、引退後も郷土の研究活動に取り組んだ。そして、ミニ徳山学会で出会った方言研究の大御所・山口幸洋さん(故人)から「伝統的な大垣方言を多くご存知なので記録に残されてはいかが?」というアドバイスを受けたのがきっかけで、大垣方言を記述するようになったという。

その後、美濃民俗の会機関紙『美濃民俗』に「大垣界隈・あいうえお方言」を長く連載。当時筆者が担当していた岐阜放送ラジオの番組にもゲスト出演し、古くからの大垣弁を自由に操りながら、大垣の昔の姿をご紹介いただいた。さらに当時大垣方言を研究していた杉崎好洋さんとの共著で『美濃大垣方言辞典』を出版。この労作は郷土のお宝となっている。

植川さんの曾祖母は、かつてペリーが浦賀に上陸した三年前に生まれ、十四歳で結婚するまで大垣城に奉公勤めをしていた人で、その曾祖母と十年以上生活を共に過ごしていたことから、植川さん自身折り目正しいことばづかいで、相当古い大垣のことばの話者である。では、植川さんが記録した昔の大垣の人たちの会話を、その前文から読んでいただこう。

大正初期の母と子と客との対話

大垣市林町の街道筋は、大正の始め頃は未だ餅屋、菓子屋、下駄屋、柴屋，糊屋、ささら屋、生菓子屋、竹屋などと商売屋が低い軒をつらね、一日中うんそうひき（荷馬車）の馬が馬糞を落とし乍ら埃をあげていた。そして其処には温かく優しい言葉と心情とが人々の中を交流していた。

客「ごめやーすおまはん一人きゃい。」
子「なあに、おいでるわ、おっかさん、おひとやに。」
母「ええん、（みゃーかけで手を拭き乍ら出てきて）ああ、あああ、おいじゃあなんし、めえにちおあついこつですなん、何をおあげしたらよろしいなん。」
客「へい、さんぼ白一斤おくりゃーす。」
母「へいへい、まえーど大きになん、へへ、おまっとうさんでした。」
客「へ、大きに。ふな、ごめやーすなん。」
客「あんたあ、やっとかめでしたなん。何やしらんあんた、えーまちしゃあすたてこっちゃが。」
客「へええ、あんたなん、たあけらしい不調法しましてなん、人さんにきかれても、どはずか

母　しい様なこってすわ。」
客「へえともにゃこってしたなん。そんでおあんばいは、どうですいなん。」
母「大きに、ごしんせつに、なんせ年とっとりますではかばかしいかずに、もうあかんですわいなん。」
客「そうかなん、まあ、おでえじにしとくりゃーすなん。」
母「へう大きに。」
子「只今っ」
母「けえってきいたか、何しとりゃーしたしゃん、おそかったなん。」（又、子供に…）
母「おまはん、きんのうのとこ早よきいてきてってえよー。」
子「ちえっ又かーにっすいなん。」
（母　客の方へ向いて）
母「みゃーすなん、ど口答しやがって、どうちゃくばっか一人前ですわ。」
客「ええぇ！私んとこんたあ、えーてにもしーへんわいなん。」
子「おいにいさ（兄）はや行って来いよー、俺先い大家の川へいっとるでなん。」
子「うん、しょーびん出来んで、すてさの川へ行っとれ。」
子「よっしゃ。」
母「おまはんた、夕さ頃にちゃんとけってきいよ、のし（どち）にひかれるとあかんでなん。」
子「どだあけらしい。」

客　「ほんならごめやーすなん。」（と帰る。）

母　「ねえさ今日先生みえるんやろ。そこらへんちょこっと掃き出えてえよー。」

娘　「あのなん、今日はもう先生ござらへんのやと。何処やしやん行かっしるげなで。」

母　「ふーん、先生もせわしいこっちゃなん。」

娘　「ふんなら夜ーさのごはんのまあししとくわ。」

母　「ふんけえ、よーいー。大きに。」

客　「ごめやーす。」

母　「へ、おいじゃーす。」

客　「しろした、ちょぼっとおくりゃーす。」

母　「へえへえ、あんた何んぞ落ちましたかなん。」

客　「へえ、あんた今おあし出そうと思って、ころっと転がらけえてしまったんですわ。」

母　「そら悪るござんしたなん、おいくらでしたかなん。」

客　「五銭やったと思っとりますが。」

母　「ええわなん又さげえときますで。」

客　「そうかなん、そんならここへ三銭おいときますで。」

同じ大正期の大垣本町通り（写真提供＝大垣市立図書館）

母「なんのなんの私んとこで落しゃあすたんやもん、どこぞかんぞに有りますわいなん。これはええわなん、又出てったら二銭おつり持たせますわ。」

客「そうもあんた、おやっけかけてはあきませんわえなん。」

母「なーになーによろしいに、どうぞ持ってってっとくりゃーす。」

客「そうですかなん。ふんならおたのもしますわ、おおきに。」

母「へえごめやーす」

(母、外に出てみて)

母「電気とぼったに、ど坊ずんたあ何やっとるやろ、ねえさ、おまはん一走り見てったってんかや。」

娘「そら又くせん始まった、えーてええて、そのうちにけえってくるで。」

母「あかんて早よ行ってってーや。」

娘「うんどやらしいこっちゃなん。」

娘「ほれみーや、けって来たに。」

母「どだあけ、おめんた、いつ迄あすんで来るんや。」

子「ああ腹んへった、ごぜんまんだか。」

母「どだあけ、お父っつあんけえらんす迄、待っとれどみぐるしい。」

子「お父っつあん何処まで仕入れに行かしたんや、何処ぞでおさ売って(長ばなし)ござるんやろ。」

母「子供のくせに何言ってけつかる。けってーぜる迄勉強でもしとりいや。」
客「今晩は。」
母「へえおいでやーすなん。」
母「今日も暑かったですなん。」
客「夜ーさ迄むしむしむしししてなん、ゆんべの夕立っあんも怖かったですなん。」
母「え何やしやんステンショの方に落ちやしたというこってすなん。」
母「そらそうとせのじっさ死なしたげななん。」
客「えんあんた前晩にお風呂へ行ってござったげなに、昼頃吐きそやわい、といったまんまおしまいでしたげながあかんもんですなん。」
母「立派な大葬れんでしたげななん。さんまいまで人がつづいとったって言ってみえたが。」
客「へん、あそこは銭もあるけど、やらっしゃる事がどでかいし、まんだ春に兵てえ送りやらしたばっかで、物入りがつづいてえらいこってすわなん。」
母「そらあんた、息子さん小さい時はげーす（やせだち）で、へぼいお子やったけど今は帝大迄行ってどえらい出世やげなし、嬢ちゃはだいつう（べっぴん）さんやし、ええわなん。」
伯母「今晩わ」
母「へい、あ伯母さまよう来ちょくりゃーすた。さあさあそんな上れはなに居らんとな、どうぞこっちゃいあがんなさっちょくりゃーす。」
母「みんなん大ざか（大阪）の伯母さやぜー。」

伯母「おおみんなまめですかなん、今夜はお邪魔させて貰いますわ。」
母「えええええ、よう来とくりゃーすた。今度はゆっくり泊ってっちゃくりゃーす、もうへい、花火もありますでなん。」
伯母「そうもしとれんわな、何やかやとせわして、さ、おみや。」
母「まあまあいつも仰山に頂きましてすまんこってすなん。丁度これからごぜんにするとこです。伯母様も何もにゃーけど一杯どうです。」
伯母「私はもうすまえて来ましたで。」
母「そんならお風呂へへってくりぁす。」
母「あそうそう、今日は本町祭りやわ。」
伯母「今来る時赤いお提灯つったったで。」
母「伯母さまもやっとかめやに、せめて夜まつりでも見てからけえってとくりゃーす。」
伯母「へえ大きに、ほんなら今夜は泊めてもらってやっとかめに仏さんにお灯でも上げさしてもらうわなん。なんまんだぶつ　なんまんだぶつ。」

読者は、大正時代初めの頃の大垣弁の会話の内容がお分かりになっただろうか。時代は大正と言っても、恐らく明治時代から使われていた大垣弁の語いや表現がそのまま残されていた筈なので、現代人には理解できない部分が相当あると思う。

そこで、誰でも分かる共通語バージョンに変換してみよう。まず筆者の分かる範囲内の岐阜弁と、筆者の母語の関西弁をもとに共通語に訳し、そのあと大垣市赤坂町出身で、名古屋市在住の方言研究者・杉崎好洋さんの協力を得て、共通語バージョンが完成した。杉崎さんには、原本に忠実に直訳してもらい、その一部を筆者が前後の違和感がないように現代的な表現に変えた部分もあるのでご諒承いただきたい。共通語バージョンに続いて、本文の一部大垣弁の共通語注も加えている。

杉崎さんは、愛知大学法経学部経済学科（現経済学部）を卒業。大垣弁の調査研究結果として、美濃民俗の会の機関誌「美濃民俗」に「大垣弁講座」を連載したほか、著作としては植川千代さんとの共著「美濃大垣方言辞典」や「大正期の旧大垣城下に見られた言語の位相差」がある。最近では「滋賀・岐阜県境を越えた方言アンケート調査報告」および「滋賀・岐阜県境を越えた方言ハンドブック」を手掛けている。

「大正初期の母と子と客との対話」（共通語バージョン）

客「ごめん下さい。（子どもを見つけて）あんた、一人かい？」

子「いいえ、いますよ。おかーさーん、お客さんだよ。」

母「はいはい（前掛けで手を拭きながら出てきて）あ、これはこれは、いらっしゃいませ。毎日お暑うございますね。何をお出ししましょうか。」

客「えーと、砂糖を一斤下さい。」

母「へーへー、毎度ありがとうございます。どーもお待ちどうさまでした。」

客「はい、ありがとう。じゃあ、これで。」

母「そういや、お客さん久しぶりでしたねー。何かお怪我をなさったと伺いましたが……。」

客「そうなんです。ひどい粗相をしましてね。他人様に聞かれるとお恥ずかしい限りです。」

母「大変なことでしたね。それでお加減は如何ですか。」
客「ありがとうございます。ご親切に。なにぶん年を取っていますので、はかばかしくなくて、あんまり具合が良くないんですよ。」
母「そうなんですか。どうぞお大事になさってくださいい。」
客「どうもありがとう。」
子「ただいまっ！」
母「帰ってきたか。何をしてたんだい、遅かったなぁ。（子どもに向かって）お前、きのうのところ、早く聞いてきて。」
子「ちぇっ、またかー。情けねーなー。」
（母、客の方へ向いて）
母「お客さん見て下さいよ。口答えして、生意気なところだけは一人前なんですよ。」
客「まだ良いですよ。うちの子どもときたら、相手にもしないんですから。」
子「おい、兄さん、早く行ってきなよ。俺は先に大屋の川に行ってるから。」
兄「うん、しょーびん（意味不明）が出来ないから、すてさんの川へ行っといてくれ。」
子「分かった。」
母「お前たち、夕方ごろにはちゃんと帰って来るんだよ。川で河童に連れて行かれると駄目だからね。」
子「馬鹿らしい。」
客「それじゃ、ごめん下さい」（と帰る）
母「お姉ちゃん、きょう先生がいらっしゃるんだろう？そのあたり、少しきれいに掃除しておいてね。」
娘「あのね、今日は先生いらっしゃらないんだって。どこかにお出かけになるそうだから」
母「ふーん、先生もお忙しいんだね。」
娘「それじゃ、今夜の食事の準備しておくから。」
母「そうかい？ありがとうね。」
客「ごめん下さい。」
母「はい、いらっしゃいませ。」
客「砂糖きびの搾りかすを少し下さい。」
母「はいはい、お客さん、何か落としたんじゃありませんか。」
客「ええ、今お代を出そうと思って、うっかり転がってしまったんです。」

母「それはそれは悪かったですね。で、おいくらでしたか。」
客「五銭だったと思いますが。」
母「いいですよ。また探しておきますから。」
客「そうですか。それじゃ、ここに三銭置いておきますから。」
母「いえいえ、私の店で落とされたんですから、どこかにありますよ。どうぞお構いなく。また出てきたら、二銭おつりを持たせますよ。」
客「そんなに、ご厄介かけちゃ、いけませんわ。」
母「いいえいいえ、構いませんから、どうぞお持ちになって下さい。」
客「そうですか、それならお願いします。ありがとう。」
母「では、ごめん下さい。」
(母、外へ出てみて)
母「電気がついたのに、うちの子どもたち、何やってるんだろう。お姉ちゃん、あんた、ひとっ走り行って、見てきてくれないか。」
姉「そらまた、いつもの癖が始まった。大丈夫だって。そのうちに帰ってくるから。」
母「駄目だよ。早く行ってきてよ。」
姉「本当に嫌だってば。ほら、見てよ、帰ってきたじゃない。」
母「この馬鹿!お前たち、いつまで遊んで来るんだ。」
子「ああ腹へった。晩ごはんまだ?」
母「この馬鹿!お父さんが帰ってくるまで待ってなさい。本当にみっともないんだから。」
子「お父さんは、どこまで仕入れに行ったの?どこかで長話してるんだろう?」
母「子どものくせに何言ってるんだ?お父さんが帰って来るまで勉強でもしていなさい。」
客「こんばんは。」
母「はい、いらっしゃいませ。今日も暑かったですねー。」
客「夜までずっと蒸し暑くて。そういや夕べの夕立も怖かったですね。」
母「何だか駅のあたりに雷がおちたそうで……。それはそうと、せのじっさ(不明?のおじいさん)が亡くなられたんですってね。」
客「そうそう、前の晩にお風呂に行っててらしたんだけど、昼頃に吐きそうだと言ったまんま、亡くなられたそうだけど、駄目だったんですね。」

母「ずい分立派な葬儀だったそうですし、火葬場まで人の列が続いてたって、皆さんおっしゃってましたよ。」

客「そうだね。あそこの家はお金持ちだけど、やることが大きいし、まだ春に兵隊さんを送り出したばっかりで、物入りが続いて大変ですよね。」

母「そりゃーお客さん、あそこの息子さん、小さい時は細くて病弱な子どもだったけど、今は帝大に進んで、大変な出世だそうだし、それに、お嬢さんは美人だし、うらやましいわね。」

伯母「こんばんは。」

母「あら伯母様、ようこそおいで下さいました。さあさあ、そんな上がりまちにいらっしゃらないで、どうぞこちらにお上がり下さいよ。みんな、大阪の伯母さんですよ。」

伯母「皆さん、お元気ですか。今夜はお邪魔させていただきますよ。」

母「はいはい、ようこそいらっしゃいました。今日はゆっくり泊まって行って下さいな。もうすぐ花火もありますから。」

伯母「そうもしてられないのよ。なんだかんだと忙しくて。はい、お土産!」

母「まあまあ、いつもたくさんお土産をいただきまして、申し訳ありません。ちょうどこれから夕食なんですよ。何もありませんが、伯母様もご一緒にいかがですか。」

伯母「私は、もう済ましてきましたから。」

母「だったら、お風呂に入って下さい。あ、そうそう、今日は本町祭りなんですよ。」

伯母「今こっちに来る時、赤い提灯が下がっていましたね。」

母「伯母さまも久しぶりですから、せめて夜祭りでもご覧になってから、お帰りになって下さいよ。」

伯母「ありがとう。じゃぁ、今夜は泊めてもらって、久しぶりに仏さんに灯りを上げさせてもらいましょう。なんまんだぶつ、なんまんだぶつ。」

【大垣弁と共通語】

ごめやーす↓ごめん下さい
なあに↓いいえ（婉曲な否定）
おひと↓お客さん
おいじゃあなんし↓いらっしゃいませ
さんぼ↓砂糖
ふな↓それでは、それじゃあ（関西の「ほな」にあたる）
何やしらん↓（関西弁）↓何だかしらないけど、詳しいことは分からないけど
えーまち↓（あいまち）↓やや大きい怪我
へえともにゃ（へーとーもない）↓大変なこと、とんでもないこと
おあんばい（あんばい）↓塩梅、案配、具合、加減
はかばかしいかずに↓はかばかしくなくて
にっすい（にすい）↓にぶい、能力がない、情けない
みやーすなん↓見て下さい
ど口答（ど＋口答）↓口答え
どうちゃく（ど＋横着）↓生意気、図々しい
えーて↓相手
来いよー↓（発音は）きーよー
しょーびん（意味不明）↓「しょーびん」には「バラ、かわせみ、軽少、貧弱、質素、少ない」などの意味があるが、いずれも通じない。
すてさ↓すてさん（「さ」は「さん」の意味）
けって↓帰って↓（けぇーって↓けって）
のし↓「主が（ぬし）」がなまったもので河童のこと
どち↓すっぽんのこと
夜―さ（「よーさ」と読む）↓夜、夜中
まーし（まわし）↓準備、支度、用意、段取り
よーいー↓ありがとう、「よーいーおおきに」と続けていう
おいじゃーす↓いらっしゃいませ
しろした↓砂糖きびの搾りかす
あおし↓お金、お代、代金
さげえときます↓探しておきます
どこぞかんぞ↓どこかに
おやっけかけては↓ご厄介をかけては

なーになーに↓いいえ、別に（婉曲な否定）

電気とぼった↓電気がついた、灯りがついた

ごぜん↓ご飯、食事（この場合は晩ご飯）

すてんしょ↓駅、停車場。英語のステーション（station）の日本語なまり。明治時代に大阪駅のことを地元では「梅田のすてんしょ」と呼んでいた。大垣でも大正初期の頃は「すてんしょ」と（恐らく明治時代から）呼んでいたことが分かる。二〇一五年、滋賀県東近江市での近江弁聴き取り調査の時、自分の祖父が「すてんしょ」という言葉を使っていたと学生が記録している。長寿の「すてんしょ」である

せのじっさ↓不明。「せ」という地名の所に住むおじいさんのことを、通称「せのじっさ」と呼んでいたのかどうか

大葬れん↓大規模な葬儀。「大葬礼（だいそうれい）の「れい」の「い」が撥音化したもの。「葬礼」は上方語、江戸語から。「そうれん」は関西弁の発音

さんまい（江戸語）↓お墓、墓地、墓所のこと。昔は火葬場があり、その周りにお墓の並ぶ場所のことを「さんまい」とか「さんまえ」と呼んだ。広辞苑には「三昧場（さんまいば）↓墓所」とある

兵てえ↓兵隊、出征兵士のこと。

へぼい↓弱い、病弱、虚弱のこと

上れはな↓上がりがまち

おみや↓お土産のこと

つったった↓（関西弁「つってあった」「つったあった」）↓下げてあった、下がっていた

やっとかめ↓久しぶりのこと

柳田國男の「蝸牛考《かぎゅうこう》」＝方言周圏論

昔からことばは旅をし、「古語は辺境に残る」と言われてきた。江戸時代中期の儒学者・荻生徂徠《おぎゅうそらい》は「南留別志《なるべし》」に「古への詞は多く田舎に残れり」と記しており、松阪出身の江戸後期の国学者・本居宣長も「玉勝間」に「すべて田舎には、いにしえの言の残れること多し」と書いている。

かつて京の都で話されていたことば「Ⓐ」が、長い時間をかけて地方に伝わっていった。移動や通信の手段としては、今のように飛行機も新幹線もパソコンもスマホもなく、地方に向かってただひたすら歩き、人から人へ、非常にゆっくりとしたテンポで何年も、あるいはそれ以上の時間をかけて京のことばが伝わって行ったのである。京のことば「Ⓐ」が相当な時間をかけて東北や南九州に到達した頃、新しいことば「Ⓑ」が京の都を出発し地方に向かって旅立っていくというような繰り返しで、都のことばが各地に広がっていったので、今も地方で使われている方言の中には、かつて京の都で流行していた「ことば」＝古語が残されていることがある。

このようにして、より古い時代に都で使われていたことばほど、都から遠い地方に残り、都でより新しい時代に使われていたことばほど、順に都に近い地方に残るという規則的な残り方をしていることが明らかになった。これは、日本の民俗学のパイオニアとして知られる柳田國男さんが、「カタツムリ」を全国でどのように呼んでいるかを調べた結果、分かったことであった。

しかも、都から東西に同じくらいの遠い距離にある東北地方と九州地方で「カタツムリ」のことを同じように「ナメクジ」と呼んでいること（塩をかける「ナメクジ」ではない）、両地方に較べ都に少し近く都から東西に同じくらいの距離にある中部地方と中国地方では、「カタツムリ」のことを「マイマイ」と呼んでいること、さらに京都を含む関西地方では「カタツムリ」のことを「デンデンムシ」と呼んでいることが分かった（図5参照）。

このことから、「ナメクジ」と「マイマイ」と「デンデンムシ」の三つのことばを比較すると、京の都で最も古い時代には「ナメクジ」と呼んでいたこと、次に古い時代には「マイマイ」と呼び、最も新しい時代には「デンデンムシ」と呼んでいたことを明らかにした。この画期的な研究論文「蝸牛考」は高く評価され、京都を中心に、新旧のことばが何重かの円を描くようなこのような方言分布の法則を「方言周圏論」と呼んでいる。この「方言周圏論」は、当時のフランスやドイツの学者の考えに触発されたもので、柳田國男さんの「かたつむり調査」を通して「方言周圏論」という考え方が広まったことになる。

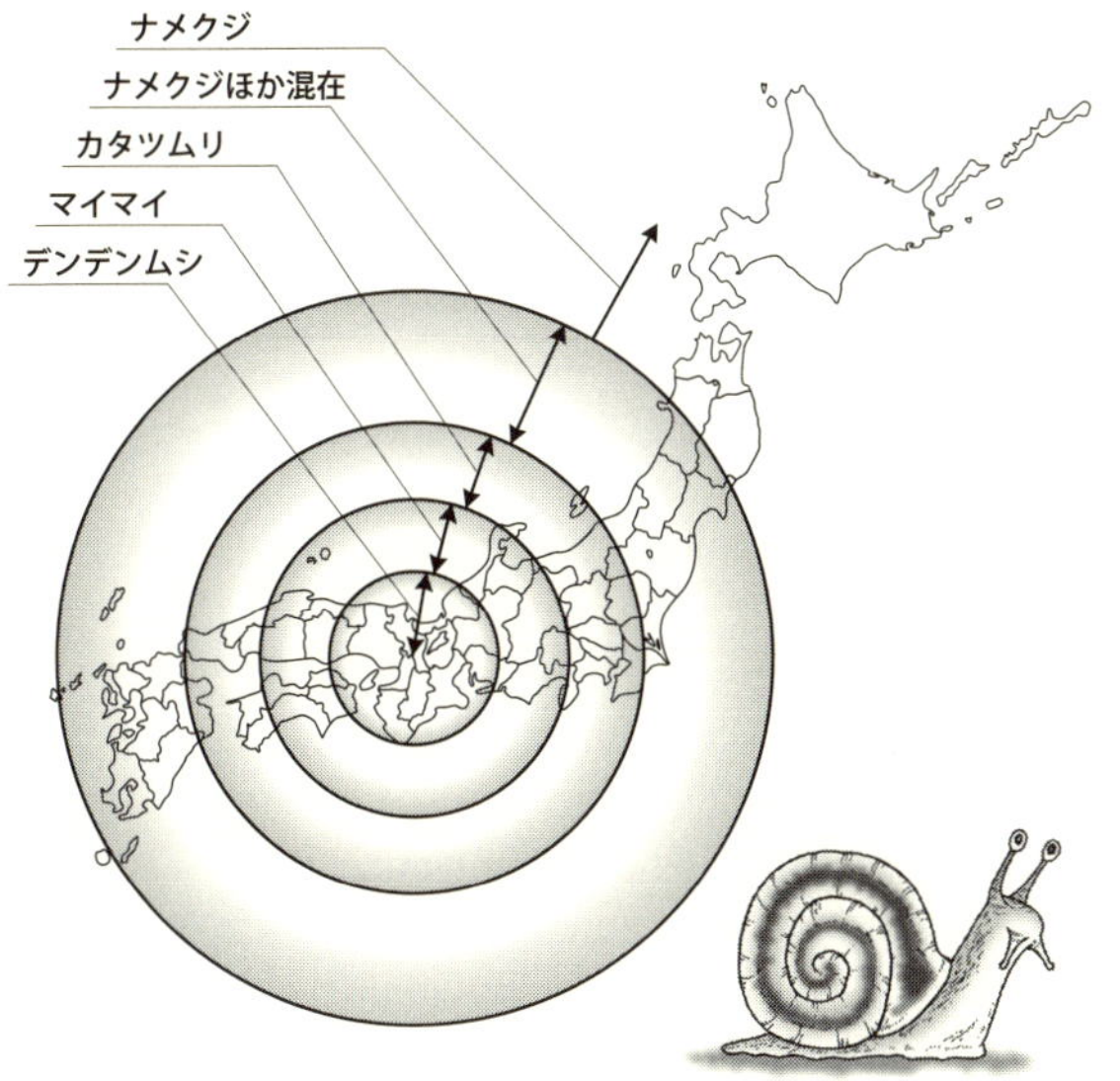

図5　「かたつむり」の新旧ことば

方言を勘考する⑬

バカはアホやタワケより古いことばだった

名古屋テレビ放送の人気番組「探偵！ナイトスクープ」あてに、かつて夫が大阪出身、妻が東京出身という夫婦から調査依頼が届いたことがある。二人はけんかをすると、夫が「アホか、お前は」と言い、妻は「あんたは、バカだね」と言い返し、お互いに大変腹が立ち傷つくという。そこで、東京と大阪の間で、アホとバカの境界線がどこにあるのかを突きとめてほしいというのが依頼内容であった。

探偵局長から調査の指示を受けた北野誠探偵は、早速東京から新幹線に乗り、先ず富士駅（静岡県）で降りて、近くにいた静岡県人に尋ねた。「あのーちょっと伺いますけど、おたくケンカをした時にバカと言いますか？アホと言いますか？」その人は「そーだな、バカだね」と答えた。「そーか、ここはまだバカ文化圏や」と言いながら北野探偵は再び新幹線に乗り、今度は名古屋駅で降りた。

改札口の近くにいた中日ドラゴンズの帽子をかぶった一杯機嫌のおじさんに同じ質問をしてみた。ちょっとお酒の入ったおじさんは「ジャイアンツはターケだでかんわ」とトンチンカンな答えをしたが、探偵は「そーか、アホバカ以外にタワケということばがあるんや」ということに気づき、続いて岐阜（タワケ）、滋賀（アホ）と、順に調べて回った。

その後この番組では、全国三二四五市町村（当時）を対象に、アホバカことばについてのアンケート調査を行い、一三七〇通余りの回答（四十二％）を得た。その結果、全国各地からホーコ、ダボ、ハンカクサイ、ゴジャッペ、ダラ、ホンジナシ、アヤ、ヌクラー、アハー、フーケモン、ダラズ、アンゴウ、フラフージなど、膨大な数のアホバカことばが報告され、これらは二十三系統に分類された。

このうち、アホ、バカ、タワケの分布状況を見ると、バカは中部から北と、中国、四国および九州一円に見られ、タワケは愛知、岐阜を中心とする中部、および山口、高知、大分の中四国に分布し、アホは関西一円に広がっている。（図6参照）

番組の当時のプロデューサー松本修さん（大阪・朝日放送の元制作局長）は、アホバカタワケのこの分布状況は、柳田國男さんの「かたつむり」調査で明らかになった「方言周圏論」（方言を勘考する⑫参照）だと考えた。

都から東西に遠い関東や九州に広がるバ

図6　「バカ・アホ・タワケ」の分布

カは、平安時代に京の都で最も古い時代に使われたことばであり、現在関西一円に分布するアホは、京の都で最も新しい時代に使われ、中部などのタワケは、バカとアホの中間の時代に京の都で流行ったことばであると結論づけた。バカはアホやタワケよりも古い時代のことばだったということになる。

これらを取りあげた「探偵！ナイトスクープ」の特番は、日本民間放送連盟賞テレビ娯楽部門最優秀賞をはじめ、ギャラクシー賞やＡＴＰ賞グランプリを相次いで受賞した。また松本さんが学術的にまとめた論文「全国あほばか方言の研究」は日本方言研究会で発表され、柳田國男の「蝸牛考」いらいの方言周圏論研究として高く評価された。番組のいきさつから研究内容をまとめた松本さんの著書『全国アホバカ分布考』（太田出版）はベストセラーに、その後、同タイトルの文庫本（新潮文庫）も出版されロングセラーとなっている。

方言を勘考する⑭

岐阜県内では「タワケ」愛用率がナンバー1

「アホ・バカ・タワケ」ことばについては、岐阜県内でも詳しい調査による『日本のまん真ん中・岐阜県方言地図』が出版されている。これは、元早田小学校校長で元中日新聞NIEコーディネーターでもあった岐阜県方言研究会会長の加藤毅さんが、岐阜県老人クラブ連合会（石坂貴弘事務局長時代）の協力を得て、のべ九万語の岐阜のことばをまとめ、第1集から第3集まで出版したものだ。大変な労作である。

このうち、第3集に「馬鹿」を示す岐阜県各地の方言が記入されていて（図7参照）、これを見ると、タワケ系、アホ系、バカ系の語いが県内各地に混在している。県内全調査地点のうち、特に多いのが「タワケ系」の六十一地点、次いで「アホ系」の四十一地点、「バカ系」はあっても少なく十二地点、その他「ダラ、マヌケ、オタンチン、アンポンタン」が四地点であった。

「バカはアホやタワケより古いことばだった」でも紹介したように、かつて京の都を出発した最も古い時代のアホ・バカことばの「バカ」は、中部から北と中国・四国・九州に残り、次いで古い時代の「タワケ」は岐阜、愛知を中心とする中部および山口・高知・大分の中四国に分布、京の都発の新しい「アホ」は現在関西一円に広がっている。かつて「バカ」は美濃飛騨を通過して江戸など関東方面に進んだが、昔々のことなので岐阜県内には少ししか生き残れなかった。最も遅れてやってきた「アホ」は岐阜にはある程度は定着したようだ。そして「バカ」と「アホ」の中間の時代の「タワケ」は、岐阜に到着すると地元の人たちと馬が合ったのか、どっしりと根を下ろし、県内に最も広がりを見せている。

古語の「たはく」や「たはけ」から現在につながる「タワケ」だが、県内では活用した「たわけくさい」「たわけしゃべり」「たわけた」「たわけたこと」「たわけにしたような」「たわけにする」「たわけまるけ」「たわけもの」「たわけらしい」「たわける」などが幅広く活躍している。このほか「隠元豆」や「ササゲ」のことを指す「たわけまめ」まであり、実に奥の深いことばである。かくて岐阜県民は、長い歴史の中で「偉大なるタワケ文化圏」を創り上げてきたのである。

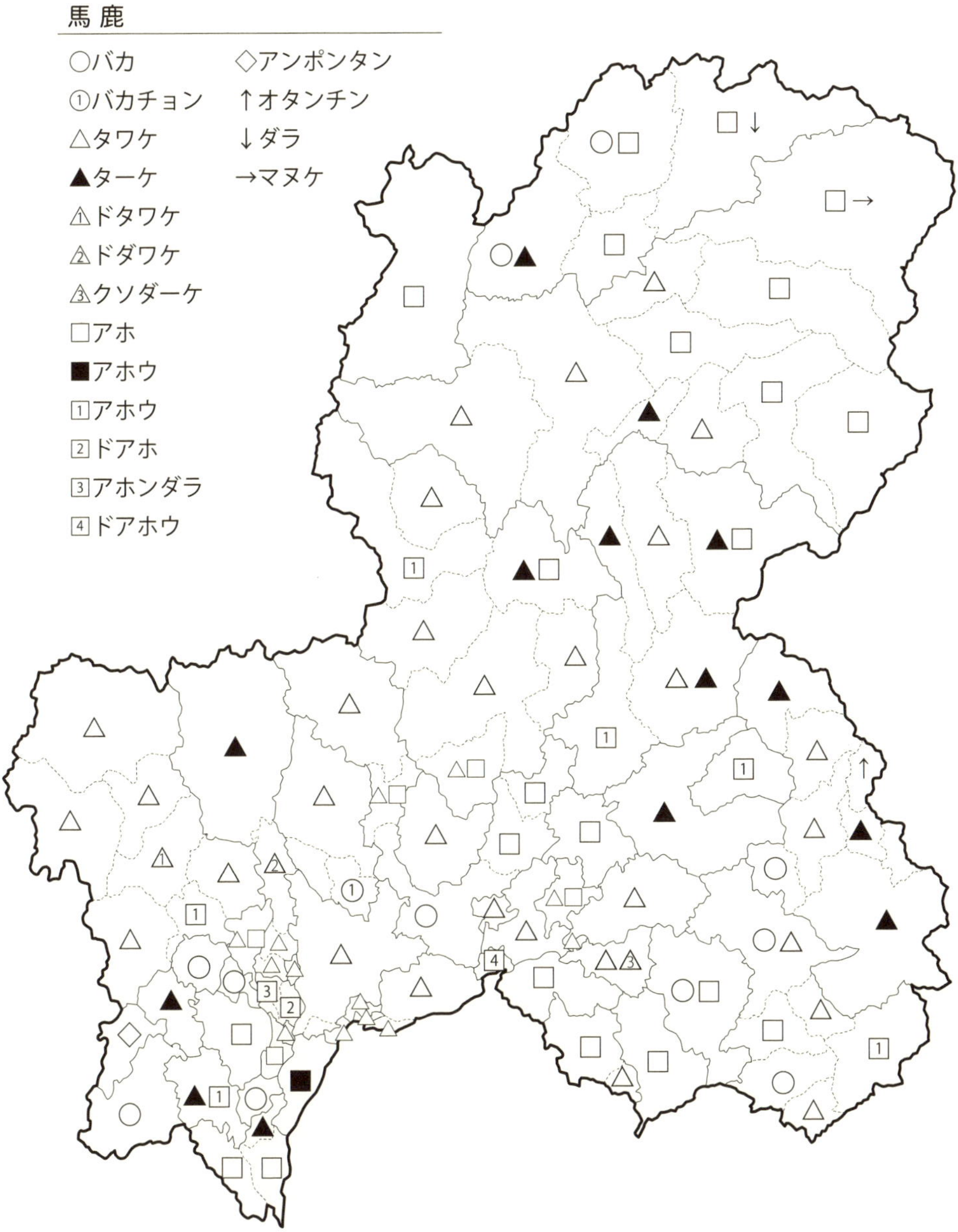

図7　岐阜県方言地図・馬鹿
※加藤毅 著『日本のまん真ん中 岐阜県方言地図第３集』（1998 年）をもとに作成

第三章

岐阜弁カルチャー講座

方言を知ることは文化を知ることだ。地域ごとの方言は文化の核であり、方言文化は多彩な様相を見せている。例えば文学ジャンルを見ても、垂井町出身の直木賞作家・朝井リョウさんの『桐島、部活やめるんだってよ』をはじめ、美濃加茂市出身の脚本家・北川悦吏子さんが手がけたNHKの朝ドラ「半分、青い」、岐阜市出身の直木賞作家・奥田英朗さんの短編小説集『噂の女』や短編「ホリデイ・ヒット・ポップス」など、いずれも生きいきとした岐阜弁の作品が話題を呼んでいる。

これらの作品はとは別に、ここでは特色ある岐阜弁が活きている分野、とりわけあまり知られていないものを含め、楽しく優れた内容のものにスポットを当てることにする。

岐阜弁の方言詩も、えーもんやなも

二〇〇五年（平成十七年）十二月に大修館書店から出版された『現代若者方言詩集』という本をご存知だろうか。サブタイトルには「けっぱれ！ちゅら日本語」がついている。

これは、愛媛県出身で文学教育を専門とする神戸大学名誉教授・早稲田大学名誉教授の浜本純逸さんが全国各大学の先生たちの協力を得て、学生たちに「地域のことばで方言詩を作ろう」と呼びかけて作られた本だ。北は北海道から南は沖縄まで、すべて学生自身の手による各地の方言詩が約三〇〇編収録されている。どの詩も、明るく親しみやすく、日本語を豊かに感じさせる方言の魅力に溢れているので、出版当時大変話題を呼んだ。

巻頭では、「うち知ってんねん」や「ほんまにほんま」など大阪ことばの詩を沢山創った詩人・島田陽子さん（故人）が「序にかえて」でこの本を推奨している。ふるさとのことば・方言や日本語に関心を持つ人ならぜひ読んでほしい一冊だ。

ここでは、全国各地の方言詩の中から、岐阜県出身の当時の学生四人の作品をご紹介する。篠田祐機さんの「毎日」、塚田好美さんの「かう」、日置友香さんの「好物」、只腰由美さんの「やら」である。

毎日　篠田祐機

はよ、おきんさい！
毎朝のこと
まわしした？
これも毎日
追い立てられるように学校へ

掃除の時間
机つって
椅子つって
ゴミ箱あけてきて
これも毎日

夕食の食卓
「ほーかね、ほーかね」
誰かの話を聞き、おばあちゃんの声
これも毎日

ごぶれいしました、おやすみなさい
こんな毎日
こんな我が家

・まわし…準備　・つる…運ぶ

かう　塚田好美

「鍵　かっといて」

鍵　無くしたの？

ここにあるから　かっといて
「ボタンが　かえへん」

かわりに買ってきてあげようか？

ううん　手が　かじかんで　かえへんの
「かう」が　岐阜では「かける」ということ
けれど　ハンガーに服を「かう」とか
電話を「かう」とはいわない

滋賀県の友達には　ちょっと笑われたけど
もちろん「物を買う」とも使うのだが
「かう」と「買う」はアクセントが違う
そのへんは　岐阜人特有なのかなぁ

好物　　日置友香

アイスでれすき
チョコもでれすき

ケーキはでーれすき
親指くらいのサイズになって
でれうめえケーキ
お腹　はちきれてまうくらい食べるの夢
あぁ、甘いものでれすき

・でれ…ひじょうに

やら　　只腰由美

まわりのみんなが必ずつける
つけずにはいられない「やら」
そうだよね、そうでしょう、の語尾と同じ

「そうやら」
まわりはみんな使っとる
かくしてしゃべっても
ついついでちゃう
「あかんやろ」
「ちがうやら」

でもそのことば
「大好きやら?」

（著者と出版社より）
『現代若者方言詩集』からの岐阜弁方言詩の転載に当たっては、編者の浜本純逸さんと出版元である大修館書店のご諒解をいただきました。しかし、篠田祐機さん、塚田好美さん、日置友香さん、只腰由美さんの四人の作者については、卒業から十四年が過ぎているため連絡が取れないということでした。この本をご覧になって、ご自分の方言詩にお気づきの作者の方は、恐縮ですが出版社の風媒社にお連絡いただければ幸いです。

風媒社
〒四六〇 - 〇〇一一　名古屋市中区大須一 - 一六 - 二九
メール　info@fubaisha.com
電話　〇五二（三二一八）七八〇八

ほずみ世路さんの飛騨弁フォークソング

放送番組にも何度か登場していただいたが、飛騨地方の民話をもとに、飛騨弁を交えたフォークソングを作り、歌い続けているシンガーソングライター僧侶のほずみ世路（本名・藤守博）さんを紹介しよう。ほずみさんの出身地は、岐阜県飛騨市河合町（旧河合村）保《ほ》というところだ。今は関西電力上小鳥ダムの湖底に沈んでいるので見ることはできない。かつて自分が「保」に住んでいたという故郷への思いをこめて、「ほずみ」というアーチスト名にしたという。実家の憶念寺はお兄さんが住職を継ぎ、彼は高山市清見町の真宗寺院一念寺の僧侶である。

京都の予備校時代に関西フォークの洗礼を受けて、メッセージを伴うフォークソングを作って歌うようになり、地元に戻ってからは、飛騨フォーク村の村長を務め、高山短大前のライブレストラン「も

ほずみ世路さん

くば」の経営にも当たった。飛騨の民話をもとにした飛騨弁フォークソングの「小糸坂物語」や「二つ葉の源次」などの曲で注目を集め、アメリカや日本のスタンダードフォークのほか、つながる命をテーマにした「なんまんだぶつの子守歌」や「かあさんの歌」それに懐メロなどレパートリーは広い。

ほずみさんは、地元飛騨を中心に東海地方のライブハウスでも歌い、岐阜放送のラジオ番組をはじめ、東海ラジオの番組、CBCテレビ開局記念特番、地元のヒッツFMにも出演しているほか、岐阜市歴史博物館の岐阜弁イベントでもゲストシンガーとして飛騨弁フォークを披露した。現在は、女性二人とのグループ「もくばーず」のリーダーとして、お年寄りの施設やお寺の行事、各種団体の催しなどで、法話を交えながらフォークソングやおなじみの曲を合唱し、飛騨弁のやりとりで暖かい交流の時間を大切にしている。

今回は、彼のレパートリーの中でも本人の思い入れが深い「二つ葉の源次」にスポットを当てる。飛騨弁の歌詞を理解しやすいように、歌のもとになっている飛騨に伝わる民話「二つ葉の源次」の内容をかいつまんで紹介すると……。

「昔、清見村牧ケ洞に牧野源治という欲の深い百姓がいた。ある日、源次が薪を盗んで山を下りていると、急に風が吹いてきて頭巾が飛ばされてしまった。数日後、越中の立山に登った同じ村の与平次が、源次をたずねてきてこう言った。『立山に登って行くと、向こうから薪を背負ったお前が来たので呼びかけると、お前は血の池地獄に落ち、俺の手にお前の頭巾が残った』と言って頭巾を取り出した。源次は、自分の浅ましい心を深く反省し、いらい生まれ変わったように正直な人間になった。家の裏山に京都・本願寺に見立てた石積みの遥拝所を作り、毎日手を合わせるようになった。その頃のある日、夢のお告げで本願寺が火事だと知り、裏山に作った仮の本願寺の遥拝所に手桶の水をかけては必死の消化作業を繰り返した。何日かして、村人たちは源次が消火作業をしたその日、本願寺が火事で焼けたことを知った。間もなく本願寺から源次あてに消火に尽くしたと感謝状が届いた。その後も善行を続け、やがて年老いた源次は、『家の前の栗の木の西の枝に、二つ葉が出たら、おりが極楽に行けた証拠じゃ』と言って亡くなった。翌年の春、栗の木の西の枝には源次が言った二つ葉が出ていた。」

というわけで、源次が極楽に行けて、めでたしめでたしという結末になっている。アップテンポなイントロに続き、ほずみさんのソフトな低音と味わいのある飛騨弁が昔話にマッチして、素敵な曲だ。この「二つ葉の源次」の楽譜と歌詞と共通語訳を、特別にほずみさんから提供していただいたのでご紹介する。

ほずみ世路さんの連絡先＝電話〇五七七（七八）一〇一七　または、携帯〇九〇（一九八九）八三六五まで。

二つ葉の源次（妙好人牧野源次　二つ葉栗伝説より）

ほずみ世路1981.9.21

二ツ葉の源次（妙好人源次の民話より）

ほずみ世路　一九八一・九・二一

1
昔のことやさ二ツ葉の話　悪さしまくっとった源次ま
蒔を盗んで帰りょったら　かじゃ（風）あ吹いたもんで頭巾飛ばいた
こりゃどむならんわい　げばいたぞ　俺の頭巾はどこ行った
とうとうわからんもんで　そのまんまし　帰ったんやと

2
どだけか日がたって与平次が　源次んどこきて言うのねは
不思議なことがあるもんじゃ　立山でお前に会ったんやさ
止めるねお前はどんどん行くし　とうとう返しさま落ちてった
残った物やぜ　ほりゃこの頭巾

3
どうやって二十数里も離れとるのに　頭巾がどうして立山に
おそがいおそがいおそがいこっちゃ　源次の頭にのしかかったさ
かんね（堪忍）してくれ蒔盗んだ　他ねも悪さは数知れん
あ～悔やんで悔やんで　涙流いた

4
源次ましょうね（性根）を入れ替えた　念仏あ絶えることあのうて
村のためにゃよう尽くさってじさま（爺様）になってまって死ぬ時ねな
地獄極楽仏の定め　もしも栗の木ね二ツ葉が
出たら極楽へ行けたんやと　思ってくりょよ

5
年が明けて春が来た　栗の木の西の枝ねな
出たわいな確かに二ツ葉が　今でもあるんやさ二ツ葉栗
今も残っとるぜな二ツ葉栗

【共通語訳】

1
昔のことなんだ二ツ葉の話　悪さばかりしていた源次さん
蒔を盗みその帰宅途中に　風が吹いてきて頭巾が飛んだ
これはどうしようもない失敗した　俺の頭巾はどこへ行った
とうとうわからなくなりそのままにして　帰った

2
どのくらいか日が過ぎ与平次が　源次を訪ねて言うのには
不思議なことがあるもんだ　立山でお前に会ったんだ
止めてもお前はどんどん進みとうとうひっくり返って落ちてしまった
残ってた物がほれこの頭巾だよ

3
どうして二十数里も離れてる立山地獄に俺の頭巾があるのか
恐ろしい恐ろしい怖いことだ　源次の頭に圧し掛かってきた
許しておくれ蒔を盗んだ　他にも悪いことは数知れない
悔やんで悔やんで涙を流した

4
源次は心を入れ替えて念仏の絶えることはなく
村の為によく尽くして　爺様になって死ぬ時に
地獄極楽は仏様の定め　もし栗の木に二ツ葉が
出てきたら極楽へ行けたと思っておくれ

5
年があけ春がきた　栗の木の西の枝には
出たよ確かに二ツ葉が　今でもあるんだ二ツ葉栗
今も残っているんだ二ツ葉栗

岐阜弁カルチャー講座③

岐阜弁川柳も面白い！

俳句と同じ五・七・五の合わせて十七文字。滑稽な表現で人や世相を風刺する川柳にも方言バージョンがある。かつて二〇〇一年（平成十三年）に、岐阜川柳社（当時の主幹・小林映範さん）が、岐阜弁川柳コンテストの作品を募集したところ、約一四〇〇もの投句があったという。

審査の結果、入選作が同年二月十八日に岐阜市歴史博物館で開かれた岐阜弁イベント「岐阜弁まるけ２００１」で発表された。当時の新聞にも入選作の一部は紹介されている。小林さんに確認すると、古い資料があまり残っていないため、入選作五句の作者名は分かったが、残りの多くの句の作者名は分からないとのことだった。

時代は十八年遡るが、どの作品も岐阜弁の持つ味わいや面白さは、今でも十分活きている。しかし、これまで一般向けに発表されていないので、小林さんの諒解を得て、この機会に入賞作と共に参加賞としてピックアップされた句を紹介しようと思う。

①岐阜弁川柳大賞

「誰彼に　おまはんだけと　いう内緒」（八百津町・大沢要三）

②よかったなも賞

「あんばよー　届くかなもし　ドットコム」（岐阜市・林富佐夫）

③優秀賞

「母の背に　おそがいようと　しがみつき」（岐阜市・桑原みよ子）

「語尾のあと　エカで念押す　母の癖」（岐阜市・土田元美）

「げえろ鳴く　田んぼつぶして　家が建ち」（岐阜市・桐山桂）

④参加賞

「すぐ行くで　待っちょってが　長すぎる」

「なまかわし　会社で気づく　無精ひげ」

「おばあちゃん　携帯に頭下げ　やっとかめ」

「らっしもない　家に来客　大あわて」

「オソガイと　ほんとに怖い　時は言い」
「午前9時　たわけ話が　弾みだす」
「梅の花　かざほんのりと　春を告げ」
「貴方から　あんたに変わり　今おまはん」
「魚とり　あばばこくなと　婆の言う」
「年賀状　出さんとこから　よけ来ちょる」
「子を叱る　たわけどたわけ　くそだわけ」
「やっとかめ　ひきずりでもと　まわしする」
「はよ出てちょ　トイレをたたく　大所帯」
「あれこれと　ひまざいかけて　すまなんだ」
「あのじんが　あっちべたから　呼ばってる」
「雪またじ　かじける手にも　春つかむ」
「次々と　ご無礼しました　風呂上がり」
「お客様　女房がおらにゃ　かんかない」
「どたわけに　言われたねーな　どたわけと」
「寒いなも　ぎゃーきひいて　だちかんわ」
「探し物　そのクロが　分からんて」
「世の事を　どくそだわけに　まかせとけん」

「ドンビキを　狙うヘンビを　トンビ食べ」
「どうぞこうぞ　食える年金　でんち着て」
「ものもらい　めんぼといやー　分かるがね」
「やっとかめ　岐阜弁話す　県人会」
「柳ケ瀬を　ほめっからかす　よそのじん」
「まわしせず　ちょーすくじんは　ごがわくわ」
「まめなかな　から始まった　同窓会」
「やわったら　馬子にも衣装と　おちょくられ」
「岐阜弁は　使っちょらんと　ぎふのじん」
「さびーのに　天気予報は　ぬくたいと」
「外人さん　うめーもんやて　岐阜弁が」
「楽やなも　ごっつぉーコンビニに　並んどる」
「成績は　どべで野球は　四番打者」
「きっぱずけ　邪魔にならずに　生きてます」
「あらけねー　人でおーじょー　初詣」
「ござったよー　玄関先で孫が呼ぶ」
「ざいはらい　取ってと言っても　孫キョトン」
「嫁もらう　田舎まわしに　てんてこまい」

「もやいこで　天皇賞を　やろまいか」
「おすそわけ　いつもくんさる　両隣り」
「台所　かけ回らっせる　火の車」
「あらせんが　切符を探す　友と旅」
「だだくさし　今にびりこく　温暖化」
「わけーもん　ひずが無いぞと　尻たたき」
「だちゃかんと　言われた息子　今社長」
「寒やけど　ぬくとい朝が　続くなも」
「浮気ばれ　おっか殿下に　ばりかかれ」

「ねぐさって　おらへんかなと　かざをかぐ」
「子ども部屋　らしもないのに　なぶるなと」
「おまはんた　たいだい家に　来てちょうた」
「あんじゃない　あんじゃないなら　大丈夫」
「ほーやらー　多治見の人は　言いんさる」
「こぎらずに　プレゼント買い　通帳見る」
「風呂上がり　がいき引くでと　孫をぼい」
「年なんぼ　さば読んどるに　けなるがる」
「あのなもと　孫が真似する　電話口」

岐阜弁川柳には県下全域で理解できる共通岐阜弁と特定の地域でしか使わない岐阜弁が見られる。たとえば「雪またじ」は飛騨地方特有の方言で「雪のあと片づけ」のこと、「あんじゃない」は東濃地方の方言で「大丈夫・心配ない」という意味。意味の分からないことばは、巻末の「岐阜のことば小辞典」で調べてみてほしい。

飛騨の民話の語り部・小鷹ふささん

岐阜県の飛騨地方には、数多くの民話・昔話が伝承されているが、飛騨の民話の語り部と言えば、やはりこの人、今は亡き小鷹《こたか》ふささんである。

小鷹さんは、飛騨一円の昔からの言い伝えを集約した労作『飛騨口碑伝説』をはじめ、飛騨の女性の歩みや民俗をまとめた『ぬい女物語』や『ふさ女物語』それに『峠を越えた女たち』の三部作の著者としても高い評価を得ていた。

小鷹ふささん（左）

趣味の分野でも、俳誌「雲母」所属の俳人として、また茶道裏千家の師範として飛騨支部を支え、大垣市墨俣町出身の日本画家・長谷川朝風さんに師事して『峠を越えた女たち』の装画を手掛けたほか、毎日熱心に日本画と取り組む多芸な人だった。

初めて高山市桐生町のお宅に伺った時、小鷹さんはにこやかな笑顔で迎えて下さり、通された部屋の屏風には、安藤広重の東海道五十三次の浮世絵が、さりげなく飾られていた。小鷹家は、古くは村役人などを務めるなど三五〇年以上の歴史を持つ家柄なので、他にもかつての当主がしたためた短歌の短冊を飾った古い屏風なども残されている。

初めの頃、小鷹さんの話で印象に残っているのは、厳寒期に大雪が降った高山の朝の挨拶のことだった。高山では、屋根の雪下ろしや道路の雪のあと片づけのことを「雪またじ」と言い、近所の人どうしが朝顔を合わせると、「雪またじ、済んだかなーあ?!」とお互いに声をかけ合う習慣がある。冬場は、雪との闘いとなる飛騨の暮らしについて小鷹さんは、「大雪が降るのは、飛騨では豊年のきざしと言ってな、雪が解けて田んぼにしみこむ。そんで大雪がふると、かえって安心なんやさ」と笑いながら話された。

小鷹さんには、その後もお目にかかってインタビューしたり、電話でお話を伺ったり、飛騨の民話を録音させていただいたが、飛騨ことばを自在に操り、昔話をついこの前、本当にあったかのように話す小鷹さんの語り部の世界は、優しく暖かい人柄もあって、子どもも大人も、つい引き込まれてしまう独特なものだった。ここでは、録音した小鷹さんの民話の中から「つつじ餅(もち)」をお届けする。

『つつじ餅』

「昔々な、サルとドンビキ(カエル)が山のてんこ(頂上)で出会って『なんかええことはねーかいなぁ』ということになってな、『そうじゃなぁ、餅でもついて食べまいか』と、まぁ相談をしたそうな。そこでな、サルは『山へ行って臼（うす）と杵（きね）を都合してくるで、ドンビキおめーは田んぼへ行って米を都合してこい』と言った。『よしよし』ということになってな、サルは臼と杵を山からおいねて（背負って）くるし、ドンビキはもち米を都合してきて、またさっきの山のてんこで出会って、餅をついたそうな。そこでサルめがな、『この餅をふたーつに分けて食べるもええが、一人でのほうず（たらふく）食べた方がさぞうまかろうと思うが、どんなもんじゃろう。臼のまんま、ここからほかりょーか（放り投げようか）。そして、はよー（早く）餅にたどり着いた者が食べることにしたらどうじゃろう？』といいだいた（言い出した）。

するとドンビキが『それもよかろう』ということになってな、山のてんこから臼を一、二の三で転がいておといた（転がして落とした）。そしたらな、サルはその臼にちゃっと飛び乗って、一気に山のすそまで落って行ったそうな。『さぁもう大丈夫、ここらへんで餅を食べよう』と思ってな、サルがのぞいて見たところが、どこで抜けて落ちたやら臼はカラになっておる。

『おかしなことじゃなぁ』と思って、サルがまたこの山を登って行きよると、山の途中のつつじの藪に引っかかった餅をな、ドンビキが一人でうまそうによばれておった（ごちそうになっていた）そうな。でサルはな『あっちーもだれます。こっちーもだれます（あっちこっちに餅が引っかかっている）と言ってな、指をくわえて見ておったそうな」

方言と風刺で楽しむ笑いの伝統芸能「美濃にわか」

岐阜県美濃市といえば、美濃和紙とうだつの上がる古い町並みで知られているが、もう一つ、方言のキーワードで言えば、江戸時代末期から継承されている面白い伝統芸能「美濃にわか」がある。「にわか雨」とか「にわか成金」なら、大体誰でも知っている言葉だろうが、芸能の「にわか」については案外知らない人が多いのではないだろうか。

「にわか」は「にわか狂言」を略したもので、「俄・仁輪加・仁和加・二〇加・⑳加」などと書く。素人がアドリブで即興的に演じる滑稽な寸劇のことを言い、江戸時代中期の享保年間に大坂の夏祭りの時に起こったとされる。江戸末期から全国的に大流行し、今も全国約三十か所のお祭りの時などに、各地の方言で演じられている。

美濃市には、江戸末期に大坂から伝わったと言われ、お囃子を奏でながら町の中を流して歩き、町の辻々で演じることから正しくは「美濃流しにわか」と呼ばれている。「流しにわか」は、明和・天明期に吉原遊郭で流行したもので、この形態を今も受け継いでいる「にわか」ということになる。またお囃子や口上、地元の方言でやりとりする口調など伝統的な部分と、現代的なテーマが混在する珍しい伝統芸能でもある。

美濃にわかは、毎年四月の第二土曜日と日曜日の二日間、美濃祭りの夜に、市内十四〜十五町から、それぞれの町の若者たちや元若者たちが町の中に出て、政治家や話題の有名人・芸能人・

アスリートなどに扮し、地元の美濃町弁で掛け合い、最後のオチで見物客の笑いをとる。表題は、その時々の政治・社会の問題や世相、芸能界やスポーツ界の話題、地元の課題などから素材を見つけ、台本を作る。

全国約三十カ所のにわかの中でも、演じる層が最も厚く、毎年二晩で約三十の出しものが見られるのは美濃にわかだけである。同市内十五町のにわか保存会をまとめる美濃市仁輪加連盟（豊澤正信会長）を中心に、美濃の人たちのにわかに寄せる思いと毎年新しい内容に取り組む姿勢が、美濃にわかのレベルや面白さを支える一方、美濃市も地域の特色ある文化としてにわかを支援してきた。

美濃にわかは、普通五分から十分セリフのやりとりをするが、中にはほんの一分たらずでオチをつける一口にわかもある。この一口にわかが出来る全国ただ一人の市長だった石川道政さんの市長時代には、全国組織の「にわか学会」が美濃市内で設立されたほか、美濃にわか台本コンクールを開催、全国各地のにわかとの交流も盛んになった。現在の武藤鉄弘市長に代わったあとも毎年同市仁輪加コンクールを継続して開催、二〇一九年四月には第五十回目を迎え、全国に誇る「にわか文化」を支えている。美濃にわかは、国の選択無形民俗文化財に指定されるなど高く評価されており、美濃市だけではなく、広く県民レベルで誇ってもいい郷土のお宝なのだが、その面白さや素晴らしさがまだ十分に伝わっていないという背景があるのかも知れない。

これまで「美濃にわか」をご覧になったことがない人のために、二〇一九年（平成三十一年）四月十三日と十四日の美濃祭りの夜、同市文化会館で行われた「第五十回美濃市にわかコンクール」で、上位三位に入賞した三町と参加賞のにわかの台本を誌上公開する。どのような伝統芸能なのかを知っていただき、笑って楽しんでいただければと思う。

なお四町のにわか台本四本の紹介に続き、二〇一九年（平成三十一年）の同市仁輪加コンクールに参加した各町の表題は別表の通り。これを見ると過去一年間の世相を振り返ることができる。同コンクールの問い合わせ先＝美濃市美濃和紙推進課　電話〇五七五（三三）一一二二

優勝　広岡町広友会「選挙はコリゴリ」

当選太郎　バンザーイ、バンザーイ、さあ皆さんもご一緒にバンザーイ、えっ何がバンザーイやってって。そりゃもちろんわっちの県会議員当選やんな。もう一度大きな声でバンザーイ。

落選次郎　ちょっと、ちょっと、そこで浮かれてござるのは「当選太郎」さんやねえかな？　おまはんは、さぞうれしいやろなぁ。

当選太郎　これはこれは、わっちに負けて落選した「落選次郎」さんやねえかな。おまはんは、さぞ悔しいやろなぁ。

落選次郎　当選して浮かれるのも、今のうちやんな。おまはんは、じっきに地獄に落ちることになるんやにな。
当選太郎　なんやて？
刑事　おいおい、ちょうどよかった。わっちはなも関署の刑事じゃが、当選太郎さん、おまはんにたれこみがあってなも、聞きてえことがあるで、ちょっと署まできちょくんさらんかな。
当選太郎　たれこみ、何の容疑やな？
刑事　おまはん、選挙区内の葬式ちゅう葬式に出て、香典を配っちょったらしいし、宴会に出ては祝儀も出したちゅうたれこみで、さらに町内の票のとりまとめで現金を配ったげなが、どーやな？
当選太郎　誰がそんな根も葉もねえことを、たれこんだんや。
落選次郎　はい。
当選太郎　刑事さん、こんなもん、このじんが落選した

広岡町広友会（写真提供＝美濃市仁輪加連盟）

もんで、その腹いせに嘘こいたんやて。

落選次郎　あっかんべー

刑事　なにがあっかんべーや。おまはんにも同じ内容のたれこみが入ってきちょる。

落選次郎　誰がそんな落選したわっちまでに嫌がらせしとるんや。

当選太郎　はい。

刑事　どっちにしても、二人とも署に来て詳しく調べさせてまうんな。公職選挙法で逮捕まちげえねえやらーなぁ。二、三日いや一週間ぐれえは泊まってまわなんぞ。

当選太郎　一週間も泊まるっ？わっちゃ支援者と当選祝いしなあかんで、泊まっちょれん。

落選次郎　刑事さん、警察に行ってしっかり調べてまおかな。わっちは落選した上に選挙違反では踏んだり蹴ったりで、泣きっ面にハチやんな。とは言っても逮捕されるのは当選太郎さんだけやで、早よ調べてくんせえ。

刑事　同じ違反しといて、おまはんだけはねーぞ。

当選太郎　そーやて、当選者と落選者ででも、違反は違反やろ。

落選次郎　いやいや、おまはんは市民に、県会議員に充分ふさわしいと当選させてもらった。わっちは、ふさわしくねーと落選した。わっちは、すぐに釈放されて帰ってこれるわな。

二人　そりゃまたどうしてやな。

落選太郎　さあ、落選したわっちのことならなぁ。

二人　どうじゃな。

落選次郎　**嫌疑（県議）**不十分やわな。
全員　えっきょう！

二位　吉川町松月会「もしも元号がにわかコンクールに出場したら」

平成　昭和さん昭和さん、よう来てくんさった。
昭和　ほん、平成さん。わっちのようなもんによう声かけてくんさったなも。おまはんの現役時代もあとわずかやで。今日は平成最後の美濃町まつりを楽しもうやねーか。
平成　そやなも。ほんでもいろんなところで「平成最後の」って言われると、寂しいような、照れくさいような、変な感じやなも。
昭和　おまはんはエエて。わっちの時は「昭和最後の」なんてありえなんだわな。と、そんな昔話をしちょったら、可愛らしい坊ちゃんが来たなも。
令和　これはこれは平成さんに昭和さん。わっちが新人の令和やなも。
平成　まんだかわエエ顔しちょんさるなも。
昭和　ところで令和くん、おまはんに誘われてこの美濃町まつりまで来てみたんやけど、わっちら二人に何をさせようっていうんやな。
令和　よう聞いてくんさった。実はなも、わっちは今は合格が決まった受験生みてーに暇で暇でしゃーないんやて。ほんで、平成最後のにわかコンクールに参加したろと思ったんやが。まんだわっちでは認知度が低いでなも、先輩方を誘ったところやな。

昭和　そういうことかな。まあわっちも若けーころは役者で鳴らした口やでなも。やるからには優勝ねらうよ。

平成　ほん、わっちも負けんよ。

令和　ほんなら、練習がてらわっちからネタ披露してもエエかな。

（空箱を持つ）

令和　これ、**から**（**空**）やわな。

（二人……苦笑いと投げやりな拍手）

平成　しゃーないわ、おまはんはまだひよっこやで。

昭和　そやなも、可愛エエもんやなも。

令和　そんな子ども扱いしんといてくんせー、これはコンクール、勝負に年は関係ねーなも。ほんなら、平成さんのはどうやな。

吉川町松月会（写真提供＝美濃市役所総務部総合政策課広聴広報係）

平成　ほん、わっちの時代はスマホが流行って、天皇陛下はテニスがお好きやったで、その二つをかけて、こんな感じやなも。
さー平成三十一年のことならなー

ネット上や**ライン**上のやり取り（ネットサーフィン・ＬＩＮＥ）が増えたわな。

（昭和……さっきより大きいめの拍手）

昭和　ほん、さっきの令和くんのに比べたら、ずいぶんエエんやねーか。

令和　ほんでもこれはあかん。落としがなげえ！　わかりにくい！　それになも、このにわかを披露する時は、両陛下に出演してまわなあかんのやねーかな。

平成　そうやった。皇族の方々をにわかに出演させるのは気がひけるなも。

昭和　まあ平成さんもよう頑張ったけど、まんだ若えってことやて。その点わっちは元号最長の六十四年やで、そのへんの塩梅はようわかっちょるよ。

令和　ほんなら昭和さん、お手本を見せてくんせー。

昭和　ほん、いまや悟りの境地に達したわっちのにわかはこんな感じやなも。
さー昭和六十四年のことならー
オイル（老いる）ショックはとうに過ぎたわな。
（平成……納得の大きな拍手）

平成　さすが昭和さん、味わい深いにわかやなも。

昭和　どやな、これやったらコンクールでも上位をねらえるんやねーかな。

令和　わっちはとしても、こんなおじぃの自己満足みてーなにわかは好かんわな。
平成　何を言っちょる。おまはんはやっぱりひよっこやて。この良さがわからんようでは、にわかコンクールに出る資格すらねーなも。
昭和　その通りやて。これで平成最後のにわかコンクールは、わっち昭和がいただきやわな。
令和　いやいや、おまはんがどんだけエエにわか作っても、優勝するのはぜってーに無理やわな。
（そらまたどうしてやな）
令和　さあ、昭和のことならなー
（どうじゃな）
令和　上を目指しても、**大賞**（**大正**）にはとどかんわな。
全員　えっきょー！

三位　港町藍見舎「安全運転してくんせぇ」

（登場人物……おじい、ヤンキー、警察官）
（おじいとヤンキー、車が衝突しそうになる）
おじい　うわ、あぶねぇ！あぶねぇやねぇか、おにい！何ボケっと運転しとるんや！

ヤンキー　何を言っとるんや、おじい！ここは一方通行や！あ、ちょうどええところに！　おまわりさん！　おまわりさん！

おじい　おまわりさん！　このお兄がまぁどえれースピードで突っ込んできて！　わっちまぁ怖て怖て……。

警察官　おまはん！　何したんやな！

ヤンキー　ちげぇ、ちげぇて！おまわりさん、悪いのはこの人やて！　逆走や逆走。

警察官　逆走？　ふーん……じゃあ、このドロッドロの軽トラは誰のやな？

（お互いを指差す）

警察官　ほんなら、このピンクのクラウンに乗っとるぬいぐるみはなんやな？

ヤンキー　これは歴代のプリキュアのヒロインやな。右からなぎさちゃん、ほのかちゃん、ひかりちゃん……。

警察官　うん、分かったでええわ。おじい、悪いのは

港町藍見舎（写真提供＝美濃市仁輪加連盟）

おまはんで決まりやなも。おまはん（ヤンキー）は可愛い車乗っとるなも。よう見ると悪い人でもなさそうやし。

ヤンキー　そうやらぁ、こう見えてわっち、無事故、無違反やもん。

警察官　それは嘘や。違反したことねぇなんてありえん。それを言うなら無事故、無検挙や。

おじい　そうやぞ、嘘はあかん。わっちなんて、無事故、無免許やぞ。

警察官　無免許!? あかんやねぇか。無検挙と無免許は全然違うでなも。

ヤンキー　（言い聞かせるように）そうやぞ、おじい。無検挙と無免許は、あんことウンコ、みそとクソ、おたんちんとオチンチンぐれえ違うで、えか。

警察官　おまはん、たとえ悪すぎやな。

おじん　ほうかな？わっちにはでぇれぇ知的で分かりやすかったなも。

ヤンキー　それはそうと、おまわりさん。美濃町祭りのために東京から来たＤＪポリスってのはおまはんやら？　渋滞も起きてまっとるし、おじいのことも心配や。申し訳ねぇけど、後の始末、頼まれてくれんやろうか？

警察官　う〜ん、交通整理の経験はあるけど、都会ではこの手の事故はねぇでなも。

ヤンキー　そんなことねぇやら。おじいが事故を起こすニュースはよう見るでなも。

警察官　都会では電車やバスを使うで、事故しとるのは田舎のぼぉーとしたおじいんたばっかやな。

おじん　そんなことねぇやら。都会は人が多いで、ぼぉーっとしとる人も多いはずや。

警察官　いやいや、この手の事故するおじいは、田舎の方が絶対に多いわな。
二人　そらまたどうしてやな。
警察官　さぁ、どっちに多いと言えばなぁ。
二人　どうじゃな。
全員　エッキョウ。
警察官　**年寄り（都市より）痴呆（地方）**多いわな。

参加賞　俵町東雲社「カルロス・ゴーンの再逮捕」

検事　ゴーンさん、ゴーンさん。そろそろまわし（準備・支度）できたかな⁉
ゴーン　検事さん、ちょっと待っちょくんせぇ。
　　　わっちは、今どえれぇ叩かれとるで、ヘルメットも被らしてくんせぇ。
刑務官　ゴーンさん、おまはん、よっぽど作業着が気に入ったんやな！
　　　よし、ほんならこれも取り調べにあった方がエエで、持ってきんせぇ。
ゴーン　何やな、そらぁ？
刑務官　おまはん、ちょっとも吐かんで、この「**シャベル（喋る）**」をプレゼントしたるわ！
ゴーン　とろくせぇ！　持ってってもエエが、穴掘って逃げたるに！

検事　しかし検事さん、再逮捕ってって、一体どうなっちょるんや？かなわんて、まぁ。

ゴーン　おまはんとおまはんのお母ちゃん、証拠隠滅の恐れがあるでなも。

検事　何を言いさるんや！　そもそも証拠なんてあらへんて！

ゴーン　それにお母ちゃんも、裁判が続くようやと太ってまうでいややって言っちょるなも。

検事　何で裁判で太るんやな？

ゴーン　そらおまはん、**傍聴（膨張）**せなあかんでやわ！

検事　なるほど。

刑務官　検事、感心しちょる場合やねぇんなとろくせえこと言っちょらんと、早よ行くぞ！

検事　しかしゴーンさん、おまはん、ああもようけの金を一体どこに隠いちょるんや？どこ調べても出てこうへん……。

俵町東雲社（写真提供＝美濃市仁輪加連盟）

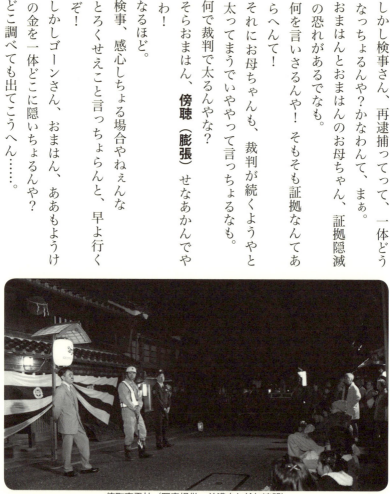

ゴーン　隠し資産なんて、あらへんて！
検事　そんなはずねぇ、絶対どっかに隠いちょる！
ゴーン　……そうや、ひょっとして箪笥の中か？
検事　どきっ！　何でや!?
刑務官　そら、おまはんのことや「**タンスにゴーン**」に決まっちょる。
ゴーン　なるほど！　箪笥か!!
刑務官　あっ、イテテテ……
ゴーン　どうした!?
検事　わっちの箪笥の話になったら、腹が痛うなってきたわ。
ゴーン　何な！　大丈夫か！　本当に箪笥やったんか！
検事　この腹痛は**胃炎（言えん）**に決まっちょる。
ゴーン　それにわっちは会社内は平等でやってきたんや！　隠し資産なんてあらへん！
検事　何が平等や！　お前ぇ一人が私腹を肥やしてきたんやねぇんか？
ゴーン　違うて！　うちの会社は皆平等や！　**格差無い（隠さない）**やわな！
刑務官　まぁええわ、拘留中に吐かせたるで、また拘置所で臭ぇ飯、麦飯や！
ゴーン　そんな飯が続くんやったら、わっち、ずっーと「黙秘」や！
刑務官　麦飯があかんのか？ほんなら、おまはんの健康を考えて特別に五穀米でどうや？それか玄米にしたろか？

ゴーン　あかん、あかん、わっちは白い飯しか食べぇへん！
刑務官　何で白い飯やなけな、あかんのや？
ゴーン　わっちは、**白米（吐くまい！）**と決めちょるでなも！
検事　なるほど！……やねぇわ!! 上手ぇこと言っちょらんと、早よ喋って楽になれ！
ゴーン　あっ、それはそうとわっちまた家をやーと（長く・久しく）留守にせなあかんのかな？
刑務官　そら、そうや！
ゴーン　わっち、そうも留守にできんで、頼むに今回は勘弁してくんせぇ！
検事　なんで留守にできんのや？
ゴーン　ほん、わっち今まで仕事、仕事で家庭を顧みなんだ……
　　　　この前の逮捕でこれからはちゃんと家を守ると決めたんやなも。
　　　　留守にはできん！
検事　絶対にあかんのかな？
ゴーン　絶対にあかんわな！
全員　そらまた、どうしてやな？
ゴーン　さぁ、わっちの再逮捕のことならなぁ。
全員　どうじゃな
ゴーン　**家空けない（打ち明けない）**と決めちょるわな！
全員　えっきょう!!

台本を読んでいただくとお分かりのように、風刺の利いた面白い「にわか」だ。全国約三十カ所にある「にわか」の中でも、美濃にわかは、地元の美濃町弁でやりとりし、風刺性やことば遊びの面白さがあり、現役にわか人口の多さを含めて、全国に誇れるにわかと言っても過言ではない。美濃にわかを観たことのない人には、必見の伝統芸能である。先に紹介したように、毎年四月第二土曜日と日曜日の午後六時ごろから十時近くまで、夜桜が美しい美濃市内十五カ所で、十四〜十五町の新作にわかが相次いで演じられる。このうち「にわかコンクール」が行われる会場は、市内ポケットパークのステージ。にわか見物の夜は、花冷えがするので、防寒用の上着が欲しい。

★平成31年度・美濃市仁輪加コンクール・参加15町表題★

順位	町　名	4月13日（土）	4月14日（日）
優勝	広岡町	もしも、三匹の子豚がしゃべったら（ちょっとだけ生き物づくし）	**選挙はコリゴリ**
2位	吉川町	**もしも元号がにわかコンクールに出場したら**	ゴールデンウィークの過ごし方
3位	港町	新時代の幕開け	**安全運転してくんせぇ**
参加賞	西市場町	人生100年時代（野菜づくし）	探偵物語（なんちゃってネコづくし）
	新町	50回記念にそれ相応の対応	鬼ヶ島奪還作戦
	常磐町	小倉公園のゆくえ	どうする？花みこし
	東市場町	ゴーンの再就職	ゴールデンルーキーの甘い考え
	相生町	翔んで美濃町	トンコレラ
	殿町	新元号に変わったら	バイトテロはやめてくんせぇ
	千畝町	車づくし　ゴーンの悲劇	怖ぇな！トンコレラ
	泉町	結婚準備ナニがいる？	カルロス・ゴーンの言い訳
	俵町	**カルロス・ゴーンの再逮捕**	ミッシェル あのスーパーアイドルとダンス！
	本住町	わっちも立候補しようかな	
	加治屋町	はっきりしてくんせぇ	
	米屋町	最近のコンビニ事情	

※太字は本文に掲載

第四章
岐阜のことば小辞典

■「岐阜のことば小辞典」について■

（1）語いをアイウエオ順に並べ、①岐阜弁の語い、②共通語の意味、③使用例文、④語いが使われている市町村名……の順に表記した。

（2）語いが使われている市町村名の中で、（同）とあるのは、前後の方言の表現が違っても語いを同じ意味で使っている地域のことを表している。

（3）方言の使用地域は市町村名で明らかにしたが、語いによっては、表記されていない地域でも使われている場合もある。

（4）保存している資料から引用した方言語いの中には、地域名として中濃とか西南濃などのやや広域なエリアしか分からないものもあり、その場合はそのまま表示した。

（5）アイウエオ順の語いのあと「その他」の項を設け、「〜やて」や「〜やさ」「〜やらー」「〜やよ」「〜なも」などのことばを付け加えた。

（6）◆印がついているのは、語いについての簡単な説明である。

（7）※印をつけた語いは、他人を侮蔑したり差別しているニュアンスがあり、聞いた人が不快な思いをしたり、不愉快に感じたりする可能性があるので、使用に当たっては配慮が必要である。

（8）方言語いの説明のあと、筆者が岐阜弁のコメントを入れている場合があるが、これは読者の岐阜弁話者に対するメッセージなのでご了承を。

（9）「岐阜のことば小辞典」には、一一五七語の語いが掲載されている。未掲載の語いにお気づきの方は、お手数をおかけしますが、①岐阜弁の語い、②共通語の意意味、③使用例文、④語いが使われている地域の市町村名……を書いて風媒社までお送り下さい。

ここに掲載する岐阜のことば、岐阜県方言は、筆者が高山でアルバイトをした時に覚えた飛騨弁を皮切りに、岐阜放送に入社してから取るようになった岐阜弁メモ、テレビ・ラジオ番組のロケや取材から学んだ各地の特色あることば、担当したラジオ番組「今小町発ナイスデイ」や「まーへー3時半?」の時に、岐阜県内各地のリスナーの方々から寄せられた多くの岐阜弁情報、「美濃にわか」の取材で知った「ちょることば」に代表される中濃地方の方言、岐阜女子大学時代にお年寄りと高校生を対象に行った岐阜弁使用状況アンケート調査、そして今回の「岐阜のことば小辞典」に向けて、岐阜県内四十二市町村を対象に新たにアンケート調査した地域ごとの岐阜弁使用状況などの資料をまとめたものである。

特に、岐阜県内四十二市町村対象のアンケート調査では、原則として県内で生まれ、言語形成期(五~六歳から十一~十二歳頃)を同じ地域で過ごした人を対象に実施した。各市町村の教育委員会の人が多かったが、市町村の代表や職員としてではなく、あくまでも地元に生まれ育った一個人としてアンケートに参加していただいた。また教育委員会とは別に、地域在住の市町村民の方々にも協力を仰いだ。放送番組に寄せられた岐阜弁情報もそうだったが、いずれも「これぞ地元の○○弁」というように、それぞれの地域ならではの特色あることばや、県下全域で日常的に良く使っている方言を中心に挙げていただくようお願いした。中には、八十代や九十代の高齢者しか使わないような古いことばも一部含まれている。

この「岐阜のことば小辞典」に掲載した岐阜弁の語い数は、岐阜県方言と言われる語い全体から見れば、ほんの一部だが、不十分ながらもこの小辞典が何らかのお役に立てば幸いである。なお、掲載した岐阜県方言の使用地域は、次の各市町村（アイウエオ順）である。

恵那市、大垣市、海津市、各務原市、可児市、岐阜市、郡上市、下呂市、関市、高山市、多治見市、土岐市、中津川市、羽島市、飛騨市、瑞浪市、瑞穂市、美濃加茂市、美濃市、本巣市、山県市

安八町、池田町、揖斐川町、大野町、笠松町、川辺町、北方町、岐南町、神戸町、坂祝町、白川町、白川村、関ケ原町、垂井町、富加町、東白川村、七宗町、御嵩町、八百津町、養老町、輪之内町

あ

あーたらこーたら↓あーだこーだ「あのじんは、すぐ、あーたらこーたら言うでいかんわ」岐阜市

あーもすーもねー↓あーだこーだと言わずに、つべこべ言わずに「前例がねーとか、あーもすーもねーで、さっさとやりゃー」岐阜市

あい↓鮎「今日は、ええ、えぁーが獲れたな」美濃市

あいく↓歩く「猫があいきょーる」恵那市

あよぶ・あよむ↓「小さい子が自分であよべるよーになった」美濃加茂市「よー駅から二キロもあよんでいりゃーたなぁ」瑞浪市（同）恵那市・川辺町

あいさ↓間・すきま「テレビとタンスのあいさにほこりがいっぺーたまっとるがね」岐阜市「壁とタンスのあいさやさー」飛騨市（同）各務原市・下呂市

あわいさ↓間・すきま「そこのあわいさに落ちとるかね?」神戸町

あいないた↓遭われた「隣の息子さん交通事故にあいないたんやって」郡上市

あうつ↓あおぐ・（うちわで）風を送る「バーベキューの時は、薪に火がつくよーに、もっとあうたなあかんて」岐阜市

あえ↓薪（まき）「山へあえを拾いに行ってくる」七宗町

あかすか↓駄目・いけない「そんな風にしたらあかすか」坂祝町（ゴミ収集日を忘れていたお母さんが慌ててゴミ袋を運んでいると、同居の実父が言う）「ほんなもん、今ごろゴミ持ってっても、あかすか!のそのそしとるで、まーへー、ゴミ収集車、行ってまったげー」岐阜市

あかべら・あかべろ↓いもり「あそこにあかべらがおったで、獲りに行かんか」高山市（同）飛騨市・下呂市

あかへん↓駄目・いけない「きのうのテスト、あかへんかった」富加町

あかん↓駄目・いけない◆上方語。語源は「物事がはかどらない」「駄目だ」「決まりがつかない」という意味の「埒（らち）明かぬ」。「赤信号で渡ったらあかんて」山県市「ほんなことしたらあかんで」関ケ原町「それ触っちゃあかんに」八百津町（同）揖斐川町・川辺町・岐阜市・富加町・七宗町

あかんげー↓駄目だよ・いけないよ「ほんなことやったらあかんげー」大垣市

あからかす↓こぼす「子どもがジュースをあからかいてまった」安八町「あからかすとあかんでしっかりお茶碗を持ちゃー」美濃加茂市「書類の上にコーヒーをあからかさんよーにしやーよ」養老町（同）川辺町・各務原市・北方町・岐阜市・関市・富加町・美濃市

あかる↓こぼれる「水がコップからあかるで気をつけんと」羽島市

あかんどる↓熱くなっている・沸騰している「やかんがあからんどるで触ったらあかんよ」揖斐川町「鍋がちんちんにあからんどる」御嵩町

あぐむ↓あきる「このゲーム何回もやっとるで、もー、あぐんでまった」高山市

あじない↓まずい・おいしくない◆江戸時代の方言辞典「物類称呼」に「あじなし」と載る古語。「あそこの店はあじねーでかんわ」岐南町「野菜があじ

のーて残したんやさ」飛騨市（同）岐阜市・高山市・羽島市・美濃市・八百津町

あじない↓塩気が薄い「最近の魚はあじねーな」高山市

あせごい↓汗っかき「あんたは汗ごいね」大垣市

あぜち↓分家「あそこは、あぜちの○○さん」飛騨市

あたんする↓仕返しをする・辛く当たる◆「狂言記」に載る古語。「そんな、あたんしちゃーいかん」美濃加茂市（同）池田町

あつー↓暑い「今日は、そんなにあつーなー」多治見市

あつけ↓熱中症の症状◆語源は暑気（しょき）当たりをいう上方語「あつけ（暑気）」。平安中期の「宇津保物語・初秋」に「日ごろ暑気にや侍らむ」と出ている。「どーもあつけをひいたらしい」富加町

あっちべた↓あちら側「ホームセンターは川のあっちべただがね」岐阜市「川のあっちべたに熊がおった」白川村「チーム分けをします。奇数番号の人はあっちべた、偶数の人はこっちべたにしゅーごー！」多治見市（同）笠松町・北方町・坂祝町・垂井町・山県市

あっちゃべた↓あちら側「あっちゃべたの田んぼ」輪之内町

あつくらしい↓暑い「その服、あつくらしいなぁ」下呂町

あつこい↓厚い「えれー、あつこい本やな」大垣市「みそ汁の大根あつこいなぁ」揖斐川町

あっぱっぱ↓開きっぱなし「社会の窓があっぱっぱやぞ」瑞浪市

あっぱっぱ↓開けっ放しの状態「うちは、いつも戸を開けっ放しの人・いつも戸を開けっ放しの状態「うちは、とられるもん、あらへんで、いっつもあっぱっぱやわ」羽島市

あつらえる↓頼む・託す◆古語の「誂（あつら）ふ」が語源。「これ、あんたにあつらえるで、○○さんに渡してちょーだい」岐阜市（同）美濃加茂市

あとふき↓祭りや行事のあとの慰労会や打ち上げパーティー「発表会のあとふきは、六時から朝日町のダシカン亭でやるで頼むな」高山市

あぬく・あのく・あおのく↓あお向く・上を向く「あぬいてみて」輪之内町「邪魔やでそんなとこで、あのくなよ」飛騨市

あぬきだま・あぬきざま↓あお向き・あお向け「芝生の上であぬきだまに寝とる」笠松町（同）岐阜市

あんぬいて・あーぬいて↓あお向いて・上を向いて「あーぬいて見なれよ。そーすりゃ、もっと星が見えるかも知れんに」郡上市

あんき↓安心・気が楽「車は駐車場にとめてくんせー。その方があんきやで」岐阜市

あんぬきさんぼ↓あお向け「あんぬきさんぼに寝てみよ」東白川村

あのじん↓あの人「あのじんは横着でいかん」美濃市「あのじん、誰やね？」川辺町（同）揖斐川町・岐阜市・東白川村・七宗町

あば・あばえな↓あばよ・さようなら「そしゃまたな、あばえな」高山市「ほんじゃ、あばよ」飛騨市（同）下呂市

あばばくう↓溺れる「長良川であばばく

いそーになったことあるんやて」岐南町

あばばこく↓溺れる・あたふたする「あの人、木曽川であばばこいとった」笠松町「あの池でおよーだらいかんよ。真ん中は深ぁーであばばこくよ」多治見市（同）池田町・岐南町・美濃市

あびる・あびとる↓泳ぐ・水浴びする「ぼーなら、下の川であびとるよ。行ってみなれよ」郡上市

あぶつく↓心臓がドキドキする・びっくりする「あー、驚かすなよ、胸があぶついたわ」可児市「電車が出てしまいそーやったで、ちゃっと走ったら、あぶついてまったわ」岐阜市

あぶのーない↓危なくない「ここらへんは、あぶのーないさ」下呂市

あほらして↓馬鹿らしくて「あほらして、ものも言えんわ」坂祝町

あま↓女の子「どこのあまや？」本巣市

あまたらこい↓甘すぎる「あまたらこいもん、好きやねーなー」大垣市

あみでき・あみでっき↓魚や餅を焼く網「ちょっと、そこのあみでき取って」多治見市「さっき、おり、あみでっきで餅焼いて、食っとったんやさ」高山市「あみでっきで、ほーばみそを焼く」飛騨市

あらーまし↓食後のあと片づけ・台所仕事「あらーまーしせなかん」土岐市「あらーましぐらー、男もやらなかんわ」多治見市

あらいまわし↓食後のあと片づけ・台所仕事「ご飯食べたら洗いまーししといてちょーよ」羽島市

あらけない↓沢山な・ものすごい量「ゴールデンウイークはどこもあらけねー人でいっぱいやった」富加町「おめー、あらけねー量の新聞出すんやなー。いつからためこんだんや。これ去年の新聞やねーか」岐阜市（同）安八町・富加町・御嵩町・美濃市・輪之内町

あらけない↓荒々しい・乱暴な・粗暴な・荒っぽい◆古語「あらけなし」。「あらけないことすんな」御嵩町「あそこのぼー、あらけねーオートバイの運転やで、近づかんほーがえーに」岐阜市「こんなやり方して、あらけないなぁ」大垣市

あらけなー↓沢山の・ものすごい量・予想以上の量「あーつんとこ、外車三台もあるげな、あらけなーなぁ」土岐市（同）多治見市

あらすか↓ない（強い否定）・あるはずがない・〜ではない「そんなこと、あらすか」飛騨市「南極なんか行ったことあらすか」多治見市「たーけか、そんな話あらすか、文句言ったる！」岐阜市（同）坂祝町・土岐市・八百津町

あらそう↓からかう・いじめる「あんまり犬をあらそったらだしかんぞ」高山市（同）飛騨市

あらびる↓暴れる・乱暴する「近所の子どもが、うちの家の中であらびてかなわんのやて」岐阜市

あらへん↓ない「欲しいものがあらへん」関ケ原町

あらや↓分家・新家「あらやからいただいたトマト、おいしいのー」可児市「あそこは、ほんやもあらやも仲がえーんやて」岐阜市

ありあい↓あるだけ・すべて「余った分は、ありあい持っていきゃー」羽島市

あるーとる ↓ 歩いている「向かいのおばーさん、いまいま表をあるーとったよ」岐南町

あるけな? ↓ ありますか?「○○ビール、あるけな?」高山市

あれんた ↓ 彼ら・あの人たち「ここのそーじは、あれんたがやってくれた」大野町

あん ↓ あきれること「ちっとも話が通じんで、あんしてまうわ」池田町

あんじゃない ↓ 案じることはない・心配ない・大丈夫「賞味期限が一日過ぎたくらい、あんじゃないわ」白川町「あんじゃない、今日はお祭りやで晴れるに」可児市「今の調子やと試験はあんじゃなー」瑞浪市（同）恵那市・東白川市・美濃加茂市

あんたんた ↓ あなたたち・君たち「あんたんたー、どこ行くの?」海津市「あんたんたは留守番しとりんさい」中津川市（同）岐阜市

あんなし ↓ とりあえず・ぼちぼち「そー怒んなれんな。あんなし片づけてまったんやで」「今ごろ焼却炉の中や、あーあ、ワシの大事なへそくりが…」郡上市

あんにゃま ↓ お兄さん・成人した男性・夫「おりゃ、あんにゃまやのーて、おじ（＝弟）の方えな」高山市「あんにゃま、おでるかなぁ」飛騨市

あんばよう ↓ 上手く・具合よく・しっかり◆古語の「塩梅好（あんばいよ）う」。「あんばよー、やっときんせー」各務原市「あんばよー、着なあかんがやー」大野町「あんばよーに、してくりょなぁ」飛騨市（同）安八町・北方町・岐阜市・下呂市・関ケ原町・富加町・美濃市・御嵩町・養老町

い

いいあんばい ↓ 良い具合◆「塩梅（あんばい）は、日葡辞書に「Ambai（アンバイ）すなわちyembai（エンバイ）料理の加減」と出ている。「ちょうど、いーあんばいや」関ケ原町

いいからかす ↓ 言いまくる・しゃべりまくる「ほんだけ嘘ばっか、言いからかしゃー、友だちなくすでかんわ」多治見市

いいだしこきだし ↓ 言い出した者が責任を取ること「町内会でお花見をしよめー」「おまはん、言いだしこきだしやで、まわしをやりゃー、えか?」岐阜市

いいなれる ↓ おっしゃる「あの先生のいいなれることやで、信用したるか」多治見市

いいんさる ↓ おっしゃる「先生がいいんさった」関市

いかい ↓ 大きい・でかい・並外れているさま◆「いかい」は中世末期の大蔵流「虎明本狂言・空腕」や江戸時代の「物類称呼」に見られる古語。「今度の鯉は馬鹿にいかかった」美濃加茂市「いーかいスイカがとれたわ」白川町

いかー ↓ 大きい・でかい「このイカ、なんちゅーいかー」多治見市

いかーず ↓ 行きましょう「暗ぁなってきたで、降り出さんうちに、はよ行かーず」多治見市

いかした ↓ いらっしゃった「あっちの方へ行かしたわ」坂祝町

いかなことにも ↓ どう考えても・いかにも・どんなことがあるにせよ◆この言葉の次に言うことを強調し、センテン

ス全体を否定的なニュアンスに導く。年配の人たちが感情を込めて使うケースが見られる。「物は言いようというけど、あのじんの言い方はいかなことにも不愉快やなも」岐阜市

いかへん↓行かない「今日は病院へ行かへん」関ケ原町

いかんならん↓行かなくてはならない「今から仕事に行かんならん」関ケ原町

いきたなー↓行きたくない「一緒には行きたなー」御嵩町

いきないた↓いらっしゃった「仕事に行きないたよ」東白川村

いきねー↓行きなさい「家の外へ行きねー」高山市

いきゃーす↓いらっしゃる「今日は、どこ行きゃーす?」多治見市「今度の授業参観、行きゃーすか?」笠松町

いきる↓蒸し暑い「雨が降ったで今日はいきるなー」白川町（同）飛騨市・下呂市

いきょーでる↓向こうへ行く「〇〇さんが左にいきょーでる」八百津町

いきょーる↓行きつつある「いま学校へ行きょーる途中」川辺町

いきよる↓行きつつある「今あんたんとこ、行きよるでな」下呂市

いきんさる↓いらっしゃる「おじーさん、どこへ行きんさったな?」富加町

いげる↓飽きる（「えげる」参照）「毎日おんなじおかずやもんで、まー、いげてまった」土岐市（同）恵那市・瑞浪市

いこいとる↓普通じゃない・正常じゃない・変だ（仲間うちで冗談っぽく言う言葉）「最近あいつは、ちょっといこいとる」飛騨市（神岡町）

いこうなる↓大きくなる「ちょっと見んうちに、いこーなったな」美濃加茂市

いこっけ↓行こうよ・行こうか「また今度、遊びに行こっけ」岐阜市

いこせ↓下さい◆物類称呼に載る古語。「俺にも、いこせよ」七宗町

いこまい↓行こう・行きましょう・行こうよ「釣りに行こめーか」美濃市「ボーリングでも行こめー」北方町（同）大野町・笠松町・岐阜市・坂祝町・飛騨市・養老町

いざける↓移動させる「今日は、よーさに近所のよりえーがあるで、今のうちに余計なものいざけとこまいか」関市

いざらかす↓動かす「机をもーちょっと左にいざらかして」白川村（同）多治見市

いざる↓移動する「すまんけど、ちょっといざって」恵那市

いしな↓石「いしな取り、やろっけ?」安八町「うちの畑は、いしなだらけで困っとる」垂井町「いしなをほかつけとるんやさー」高山市「そこの道のくろに、いかい（＝大きい）いしながあるで、気ぃーつけやーよ」岐阜市（同）大野町・岐南町・白川村・飛騨市

いずまかく↓あぐらをかく「みんな、いずまかくで、座布団の間、もーちょっと、あけんけな?」高山市

いずまりをかく↓あぐらをかく「おとーさん、いずまりをかいとったらいかん」美濃加茂市

いせきない↓せっかちな・落ち着きがない「バタバタと、おめー、いせきないなー」高山市

いたまらかす↓食べ物を腐らせてしまう「見やー、このレンコンの煮しめ、いたまらかいて糸引いてまっとるがねー」岐阜市

いたまらかす↓物を壊す「このオモチャ、いたまらかさんよーに大事に使やーよ」岐阜市

いっこく↓頑固な・信念を曲げない・かたくな◆江戸中期から後期にかけての洒落本「傾城買四十八手」などに見られる古語で「一徹な・頑固で自分を曲げない」意味の「一刻（いっこく）」が語源。「全日本フォークジャンボリーの仕掛人で、人間はもちろん、自然や地域を大切にし、戦争や核のない平和な世界を目指して歌い続けたシンガーソングライターの笠木透さんは、どえれー、いっこくなじんやった」岐阜市

いっせき↓精一杯「いっせき、頑張って」美濃加茂市

いっちゃらしい↓いやらしい・汚い「あー、いっちゃらしいやっちゃのー」可児市

いってまった↓行ってしまった「バスは、さきがた行ってまった」富加町

いっとんさる↓おっしゃっている「隣のおじさんに聞いたら、そら昔のことやと言っとんさった」富加町（同）揖斐川町

いっぺーこ↓いっぱいに「こんなにいっぺーこ詰めたらあかんがや」大垣市

いとしい↓かわいそう・不憫・気の毒◆「源氏物語・真木柱」や「枕草子」に見られる古語「いとほし」が語源。「○○さんのおじぼー大学入試だしかんやったんやさ」「あれ、いとしいなぁ」高山市「○○さん、いま入院しとるんやと。いとしいなぁ」高山市

いなう↓担う・かつぐ「重い荷物、いなってござったぞ」羽島市

いなだく↓いただく・もらう「松茸は、ありがたく、いなだかなあかんよ」岐阜市

いまくる↓今行く◆有名な反対ことば。「じゃー、私が今くるさ」高山市

いまいま↓たった今・つい今しがた「おとーさん、いまいまここにおったけど」岐阜市

いみぞ↓溝「いみぞに、落ちてまった」八百津町

いやー↓おいで・いらっしゃい「次の日曜、家にいやー」土岐市

いらみ↓おはじき「いらみで遊ぼ！」高山市

いら↓私「いら、あしたのよっさがた（夜）、まゆおんてな（まゆを背負って）、市場へ行ってくるんじゃ」揖斐川町（旧徳山村戸入）

いりゃー↓いらっしゃい「今度の休み、うちにいりゃー」北方町（同）岐阜市・美濃市・養老町

いりゃーた↓いらっしゃった「さっきまで、ここにいりゃーたよ」川辺町

いろむ↓熟する・色ずく「柿がええ風にいろんどるなぁ」岐阜市「柿がよーいろんどるで、取ってちょー」羽島市（同）富加町

いわした↓おっしゃった「お医者さんは、こう言わした」海津市

いわんこっちゃない↓言わないことじゃない「ほれみー、けがなんかしてー、いわんこっちゃない」川辺町

いんにゃまほんね↓まったくもう「まーた、あそこのボーのいたずらやて、いーんにゃまほんね、おーじょーこくなも」関市（旧洞戸村）

いんね↓いいえ・違う「いんね、そやな

い」東白川村「いんね、そんなこと言ってないよ」七宗町「おんしは、土岐津のじんか?」「いんね!」土岐市「ちっとも来んなと思ったら、いんねの方へ行っとったか」瑞浪市（同）川辺町・白川町・中津川市・七宗町・八百津町

う

うい ↓ 気の毒・申し訳ない「こんなえーもんもらって、ういこっちゃもな」郡上市「それはういことやったなぁ」中津川市（同）白川町・東白川村

うい ↓ 気が重い「あー、あれやらんならんけど、ういこっちゃなぁ」池田町

うーたかひょうたん ↓ 浮かれている・調子に乗っている「おまはん、そんな、うーたかひょーたんしとっちゃ、あかんて」関市

うくんさる ↓ 下さる「先日はえーもんをうくんさって、おーきに。悪かったなも」岐南町

うそこけ ↓ 嘘をつくな「宝くじの一等当たったぞー」「うそこけ!」土岐市

うしなかす ↓ なくす「うしなかすでいかんで、かばんに入れときゃー」美濃加茂市

うすなかいた ↓ なくした・失った「おりょ、財布がないわ、うすなかいてまったんやろか」郡上市

うじょよみ ↓ ぐち「そんなにうじょよみこぼしとらんと、さっさと働きゃー」可児市

うたてい ↓ ありがたい・申し訳ない◆古語。「そりゃー、うたてーこって」飛騨市「えらいお気遣いいただいて、うたてーことでした」高山市

うつくしゅう ↓ 美しく・きれいに「大掃除したでうつくしゅーなったなぁ」羽島市

うつる ↓ 似合う・調和する「このスーツ、ぞんげーうつるなー」岐阜市

うもない・うんもない ↓ まずい・おいしくない「このみそ汁、うもーねー」高山市「うんもねーめしやなー」飛騨市

うろっと ↓ ぼんやりと「うろっとしとるうちに荷物を盗まれてまった」池田町

うんた・おいた ↓ 嫌だ・NO「うんた、うんた、そんなことせん」郡上市

うんぷかんぷ ↓ 運次第「年末ジャンボ当たるかな?」「ほんなもん、うんぷかんぷやわ」可児市

うんまい・うんめえ ↓「このラーメン、うんめーなー」安八町

え

ええ ↓ 良い「えーもん持っとるしー、ちょっと貸してみとくれ」郡上市

ええかげん ↓ いい加減「えーかげんにしときゃーよ」川辺町「お前はえーかげんな奴やな」七宗町

ええげえ ↓ 良いじゃないか・良いじゃありませんか「車、買ったの?でーれー、えーげー」岐阜市

ええころかげん ↓ 良い加減「えーころかげんにしとるで、こんなことになるんやぞ」池田町「えーころかげんの返事はやめやー」美濃市

ええころかげん ↓ 良い具合「お湯、熱くない?」「えーころかげんやよ」各務原市

ええころはちべえ ↓ やり方がいい加減なこと「そのやり方は、えーころはちべーやなぁ」美濃加茂市

ええで↓良いから「そんなこと、やらんでもえーで」御嵩町

えか↓良い？・大丈夫？・念押し「三時までにやっといて、えか？」岐阜市「あしたもちゃんといりゃーよ、えか？」多治見市「えか、ここをこーするんやで」揖斐川町「鍵かって出ること、えか？」美濃市（同）各務原市・北方町・関市・関ケ原町・富加町

えか↓ほとんど意味がなく前のことばに続く口癖のようなもの「次のバス、○○に行くかねー？」「えー、行きますよー」「ほーかね、ありがとね、えか」岐阜市

えげる↓あきる（「いげる」参照）「もー、えげるでやめて」美濃加茂市

えごい・えぐい↓苦い・渋い「この柿、えごいな」白川町

えざらい↓水路掃除・どぶさらい・草刈り「今度の日曜、えざらいやで」輪之内町「次の日曜、えざらいがあるで来てちょーよ。えか。」羽島市

えぞくらしい↓わずらわしい・うっとうしい・めんどくさい「携帯の番号教えると、みんながかけっからすもんで、えぞくらしーでかんわ」岐南町「ごちゃごちゃと物があってえぞくらしーなー」山県市「またやるのか、えぞくらしーこっちゃな」大垣市（同）池田町

えらい↓大変な・程度が甚だしい◆江戸時代の滑稽本『浮世風呂・二上』や『物類称呼』に掲載の「古語」。「えらい、ぎょーさんあるなぁ」海津市

えらい↓体調が悪い・疲れている・苦しい「なんべん歩いても、この坂道はえらいなー」羽島市「熱が三十八度出て、えらいんやて」養老町「走ってここまで来たもんで、えらかったわー」下呂市（同）池田町・揖斐川町・海津市・各務原市・岐阜市・下呂市・高山市・飛騨市

えらー↓体調が悪い・疲れている・苦しい「あかん、のどがかわいて、えらーで飲み物ちょーだい」瑞浪市

えらがっとる↓苦しんでいる「仕事が長時間やで、えらがっとる」羽島市

えんやらえっと↓やっと・精一杯「えんやらえっと、山に登った」岐阜市

お

おいじゃあ↓おいで・いらっしゃい「今度、うちにおいじゃー」輪之内町

おいでる↓いらっしゃる（「居る」の敬語表現）「すんぐに家においでるよ」郡上市「○○さん、おいでるかな？」下呂市

おいでん・おーでん↓おいでにならない・いらっしゃらない「店番しとったけんども、だんでもおーでんかった」多治見市

おいでた↓おいでになった・いらっしゃった「○○さん、おいでたわ」八百津町

おいねる↓背負う「こんなけの大きさの荷物やったら、おいねて持って行った方がえーぞ」岐阜市「大きい荷物をおいねておったよ」大垣市

おいとけすかい↓置いておけない「そんな大きいもん、こんなとこに、おいとけすかい」下呂市

おうちゃくい・おっちゃくい・おーちゃきー↓厚かましい・図々しい・礼儀知ら

ずな・押しが強い「おーちゃくいじんやなも」美濃市「あいつはおーちゃくい奴や」岐阜市

おうちゃくい↓いたずらな・腕白な・乱暴な「おーちゃくい子やで、お母さん大変やわ」関市「あのじんの車の運転は、いつもおーちゃくいんやて」岐阜市（同）各務原市・北方町・養老町

おおきに↓ありがとう「手伝ってもろて、おーきに」関ケ原町

おおじょこく↓大変な目に遭う「道に迷って、おーじょーこいてまった」美濃市「あの人は横着やでおーじょーこくわ」笠松町「雨がよーけ降ったもんで、おーじょこいたわ」下呂市（同）白川町

おおはんじょ↓昔の子どもがした量が多い寝小便のこと「あんたは、ゆんべもおーはんじょやったね」羽島市

おかいさん↓おかゆ「おかいさん、食べるか？」揖斐川町

おかじき↓寒がり「おまはん、おかじきやなー」岐阜市

おかっせ↓やめなさい・よしなさい「へんびをかまうのは、おかっせー」羽島市

おがらかす↓いじめる「うちの犬、元気がねーけど、また近所のぼーんたがおがらかいとらへんかな？」岐阜市「そんなこと言うて、よその人をおがらかいとったらいかんよ」可児市

おきゃーせ↓やめなさい・よしなさい「年寄りをからかうのは、おきゃーせ」羽島市

おかめ↓かつおぶし「岐阜の雑煮は、上からおかめをかけるんやぞ」岐南町

おく↓やめる・よす「勉強はまぁこのへんでおきんせー」北方町「こんな暑い日に外へ出るなんておいた」中津川市「マラソンするの、おいたよ」白川村「そんなに気ぃー使わんでもえーに、おいちょくんせー」岐阜市「そんなことはおいとくれ」郡上市（同）恵那市・各務原市・下呂市・七宗町・高山市・飛騨市

おくりさん↓住職夫人「〇〇寺のおくりさん、よー気のつく人やなも」岐阜市

おくりゃあ↓下さい・ちょうだい「このみかん、おくりゃーよ」安八町

おくれた↓下さった・くれた「〇〇さんがリンゴおくれたわ」八百津町

おけぞくさん↓仏様に供える餅のことでお下がり◆物類称呼に「お華足・お華束（おけそく）」と記述された古語。「おけぞくさん、ちゃんといなだきーよ」大垣市

おこす↓耕す「田んぼをよーやっとおこせるわ」垂井町

おこっちょる↓怒っている「わっちは、おこっちょるよ」坂祝町

おさうっとる↓さぼっている「〇〇さん、でーぶめーに郵便局行ったけど、まんだけーってこーへん。どこぞでおさうっとるんやて」岐南町

おさびしみまい↓通夜の時に遺族や親せきの人たちのため持参する上用饅頭や干菓子果物などのこと◆「お寂し見舞い」「御淋し見舞い」などと書き中部地方特有の風習である。「今夜のお通夜、おさびしみめーのまわし、しとくんやぞ」岐阜市。名古屋では「おさびしみみゃー」という。

おじ・おじぼう↓弟「おりのおじ、中学の先生やっとるんやさ」高山市

おしゃ↓あなた・お前「おしゃ、何やっ

とるんや？」白川町「おしゃ、よーがんばったなぁ」下呂市

おぞい↓悪い・良くない◆物類称呼に「をぞい」とは「物のあしき事也」とある古語。「この服、仕立てがおぞいんやて」岐阜市「このハサミはおぞいなー、ちっとも切れん」池田町「今日は大事な日やで、おぜー格好したらあかんな」美濃市（同）七宗町・白川町・富加町・中津川市・飛騨市

おぞー↓悪い・良くない「そーか、応援してもらえんか、おぞーことになったなー」瑞浪市「うちの工場は古なったもんで、おぞーわ」土岐市

おすがい・おすない↓恐ろしい・怖い「この木、倒れそうでおすがいなぁ」下呂市

おそがい↓恐ろしい・怖い◆古語。物類称呼では「恐れ、怖い」の略と説明。「あの映画、でーれーおそげーに」岐阜市「あそこの家の嫁はおそがいぞ」白川村「夜のお墓はおそがいでかん」笠松町（同）安八町・池田町・大野町・郡上市・高山市・中津川市・飛騨市・美濃市

おそがあ・おそがー↓恐ろしい・怖い「お母さんはこわなーけど、お父さんはおそがーもの」瑞浪市

おそがおそが↓こわごわ「おそがおそがやると、よけー失敗するよ」美濃加茂市

おぞくたい↓悪い・良くない・粗末な・粗悪な「こりゃー、おぞくたいな」飛騨市「このラジオ、FM入らんのか、おぞくたいな！」高山市「こりゃ、おぞくたいカブやなァ」下呂市

おだをきる↓無駄話をする・とりとめもない話をする。「おだ、きっとらんと、はよ仕事しやー」池田町

おちゃんこする↓座る・正座する「お客さんの前では、ちゃんとおちゃんこするんやよ」岐阜市

おちょくる↓からかう「人をおちょくるのも、えーかげんにせーや」揖斐川町

おちょけ↓ふざける人「あの子はいつもおちょけやであかんわ」安八町

おちょこん↓お座り「ここに、おちょこんして」関ケ原町

おっさま↓お坊さん・僧侶・住職（「ごえんさん」参照）◆もとは禅宗の和尚のこと。「おしょうさま」↓「おっさま」となり今では宗派に関係なく使われる「お彼岸に、おっさまは何時頃見えるかな？」瑞浪市「おっさまは。ござったかな？」北方町「十二日におっさまみえるで、まわししな」関市（同）岐阜市・美濃市

おっしょなりました↓涼しくなりました（夕方の挨拶）「夕暮れ時になって、おっしょなりました」美濃加茂市

おてし・おてしょ↓小皿◆語源は「手塩皿」から。「そこのおてし取って」岐阜市

おでる↓いらっしゃる・在宅している「あねさまは、おでるかなー？」飛騨市

おとらかす↓（気がつかずに）落とす「また、おとらかして」神戸町「あ、財布をおとらけーてまった」岐阜市

おにごま↓おにごっこ「みんなで、おにごまして遊ぼ」東白川村

おねる↓背負う「大きなリュックおねって、いってーどこに行くんやな？」「昔の背負子（しょいこ）は重い荷物をおねって、山を登ったもんさ」高山市・飛騨市

おはる↓ねだる「孫にどんだけ、お年玉をおはられるかな」郡上市「誕生日のプレゼント何をおはるんやな」美濃市（同）美濃加茂市・可児市

おひいさん↓お日様・太陽「おひいさんが出てきたがや」垂井町

おひまいただく↓亡くなる・死亡する「おばあちゃんがおひまいただいたで、すぐ来てまえるよう伝えてもらえんかな？」羽島市（同市では八十代や九十代の高齢者なら「亡くなった」より「おひまいただいた」の方がポピュラーに使われているとのこと）

おひまざえかけました↓お手数をおかけしました（時間を浪費させました）「先日は、おひまぜーかけました。ありがとうございました」美濃加茂市

おひまち↓岐阜では一年に一度、年末や年始、年度末に開かれる酒食の出る自治会、町内会の総会や慰労会、新年会のこと◆広辞苑には「日待（ひま）ち」として「農村などで田植えや取入れの終わったときなどに、集落の者が集まって会食や余興をすること。おひまち」と出ている。かつて酒を飲んだり、ご馳走を食べる機会の少なかった庶民にとって指折り数えて待つ楽しみな日だったのである。「お父さん、今夜はおひまちがあるで、はよ帰ってこやーよ、えか？！」岐阜市

おぶっぱん↓仏さまにお供えするご飯「おぶっぱん、お供えしてきてーや」大垣市

おぶれる↓どぎまぎする・びっくりする・非常に驚く「フランス料理で、メニューの横文字におぶれてまった」郡上市

おぼわる↓覚える「よー、おぼわったけーな」大垣市「先生の授業、こまけーとこをてーねーに話さっせるで、よー、おぼわるわ」岐阜市

おまさん↓あなた・お前「おまさん、どこの出やね？」本巣市「おまさん、左利きか？」八百津町

おまはん↓あなた・お前「わっちはコーヒーやけど、おまはんどーしんさる？」美濃市「おまはん、どこのじんや？」揖斐川町「おまはん、よーここまでおんさったなも」関市（同）山県市

おまはんた↓あなた方・お前たち「おまはんたは、どこから来たんやな？」坂祝町（同）関市・美濃市

おまん↓あなた・お前「おまん、あしたの祭りよ、中止なんやて」郡上市

おまんた↓あなた方・お前たち「おまんた、どこへ行きなれるんよ？」郡上市

おめる↓人見知りをする・はずかしがる「あの子は、誰にでもおめるであかんわ」安八町「おめてまって、人前にでられん」大垣市

おやさん↓親御（おやご）さん◆たぶん多くの岐阜のじんたが岐阜弁と思っていないことばの一つ。（学校の校長先生）「全国的に子どもたちの不幸な事件が続いて、親さんたちもご心配でしょうが…」岐阜市「親さんがしんぺーしとんさるで、はよ連絡しやー」岐阜市

おらっせなんだ↓いらっしゃらなかった「先生は職員室にはおらっせなんだ」多治見市

おらへん↓いない「友だち探したけど、おらへんかった」富加町

おらんどこのほう↓自分の住んでいる町

や村「おらんどこの方では、そんなことはせんでー」飛騨市

おり↓俺・自分「おりは、もー疲れてまって、だしかん」高山市

おる↓いる「あんたんとこ、猫おるの？」富加町

おろ↓おや「おろ、よしまでないんか」郡上市（「その他」の「〜ま」参照）

おんさい・おんせー↓いらっしゃい「はよ、こっちにおんせー」美濃市

おんさらん↓いらっしゃらない「お医者さんは、今ここにはおんさらんよ」岐阜市

おんさる↓いらっしゃる（「居る」の尊敬語）「お父さん、いま家におんさるかな？」岐阜市

おんさる↓（こちらに）いらっしゃる（来る）の尊敬語「明日は社長さんがおんさるで、しっかり、まわししといて」富加町

おんだる↓背負う「昔は、小さい子をおんだった」八百津町

か

がいき↓風邪「今日は、がいきやで学校休むんな」美濃市

かいたる↓書いてある「手帳に書いたる」関ケ原町

（鍵を）かう↓（鍵を）かける（飛騨地方では「つめをかう」という）「お父さん、玄関の鍵かっといて」瑞穂市「鍵かい忘れんよーにしてね」関市「玄関の鍵かうの忘れた」白川村（同）海津市・各務原市・北方町・岐阜市・神戸町・関市・富加町・美濃市・本巣市・養老町・輪之内町

（ボタンを）かう↓（ボタンを）かける・とめる「外れてるボタンを、ちゃんとかわなあかんよ」岐阜市

（ブレーキを）かう↓（ブレーキを）かける「サイドブレーキをかって」瑞穂市

かえしこむ・かやしこむ↓転がり落ちる「屋根からかえしこんだ」飛騨市

がおろ↓河童「がおろが来て、取っていくぞ」高山市

かがはいい↓まぶしい・まばゆい◆日葡辞書にCacafayuy（カカハユイ）、物類称呼に「かかはゆひ」と記述された古語。「かかはゆし」「かがはやし」とも。県内では同じ意味の方言「あまぶい・ひずるい・ひどっこい・ひどろい・ままこい」もある「かがはいーでカーテンしめて」美濃市・岐阜市

かがはええ↓まぶしい・まばゆい「ひっさしぶりのえー天気やで、かがはえーなも」羽島市

かぎかぎ↓準備に時間がかかる・モタモタしている・ウロウロしている「おーい、なにかぎかぎしとるんや。はよーせんと除夜の鐘がつき終わってまうぞ」「もーちょっと待っとってよ」「化粧なんかしても変わらせんに、はよーせー」郡上市

かきしゃぶれ↓かき傷・かいた痕（あと）「小さい頃のかきしゃぶれの痕が残っとる」瑞浪市（「柿サブレ」ではない）

かざ↓香り・におい◆「かざ」は「かほり」「にほひ」に遅れて中世に生まれた上方ことばで狂言記「釣狐」にも見られる古語。「おっ、えーかざがするけど、隣のゆうげは何やろな」羽島市「うな

ぎ屋の前は、えーかざがしとるねー」岐阜市（同）北方町・関市・高山市・富加町・飛騨市・美濃市

かざかぐ↓においをかぐ「この香水、えーかざがするで、かざかいでみやー」羽島市

かざかす↓においをかぐ「においをかざかす」本巣市

かしわ↓鶏肉・鳥肉◆天保年間、大坂の北堀江に鳥宗という店があった。これが「かしわ屋」の始まりと言われ「かしわ」が上方から全国に広がった。今も鶏肉の意味で「かしわ」と言っているのは大阪・京都を中心とする関西一円と、岐阜・愛知・三重の中部地方のほか、福岡・大分など九州の一部である。これ以外の東京など他県出身者には「かしわ餅のこと?」などと聞かれ、意味が通じない。「今夜は、かしわの照り焼きやでね」岐阜市

（米を）かす↓（米を）とぐ・洗う◆平安時代の漢和辞典「新撰字鏡」に「米加須」と書かれている古語で「淅（か）す」と書く。「あすの朝にたく米をかさないかん」海津市「米だけかしといたぞ」瑞浪市「お米、かしといてくれる?」岐阜市

かすでもなあ↓役に立たない・無益な・中身のない「えー本日はごらんのよーな雲一つない晴天に恵まれ、皆様方におかれましてはご多用の中を多数ご参集いただきまして…」「かすでもなーことばっかり、こくな!」多治見市

かじけ↓寒がり「おまー、本当にかじけやなー」瑞浪市

かずける↓なすりつける「あいつは仲間に責任をかずけたんや」羽島市

かすな↓変な「かすなこと、言やーすな」八百津町

かたがる↓傾く「あの柱時計、右にかたがっとらへんかな?」岐阜市

かたぐる↓傾く「かたぐるとあかんで、支えをしといて」美濃加茂市

かたくろ↓片すみ・すみの方「そこのかたくろに置いといて」美濃加茂市

かたみつばんこ↓かわるがわるに・交互に「かたみつばんこにやろまいか」美濃加茂市

かっちんだま↓ビー玉「かっちん玉、やろっけ?」安八町「かっちん玉で遊ばんかなぁ」飛騨市

かってこ↓冷え込んで新雪がカチカチの状態になること「今朝のしみ（冷え込み）でかってこになっとるで、雪の上歩けるぞ」白川村

かつねる↓背負う「重い荷物をかつねて歩く」飛騨市

かど↓家の玄関先「かどに置いたるハサミ、持ってきて」揖斐川町

かどぐち↓玄関「かどぐちが開いとる」八百津町

かなわん↓困る・勘弁してほしい「あのじん、かなわんこと言う人やなー」富加町「また台風来るってよ、かなわんな」白川村

かにする・かねする↓許す・堪忍する「このめーは仕事が遅なってまって行けんかったんや。かねしてくんせー」岐阜市

かねこり・かねこおり↓つらら「かねこりが落ちてきたんやさー」飛騨市

かばかば↓こびりついている状態「袖んとこ、かばかばになっとるげー」大垣市

がばり→画鋲「ポスター、そこのがばりでとめといて」関市「がばりを踏むとこやった」土岐市「B紙をがばりでとめて」美濃市（同）各務原市・北方町・岐阜市・富加町・飛騨市・瑞穂市・養老町
かまう→相手になる・関わり合う「そんな者にかまうな」関ケ原町
がまくさ→たくさん「山菜をそんなにがまくさ採ってどうするの？」東白川村
がまんに・がまに→たくさん「野菜ががまんになったで、あげるわー」恵那市
かやー→買いなさい・買えよ「新製品で値段も安いし、買やー買やー」岐阜市
かやす→返す「その本、かやしといて」白川町
かやる→倒れる「そんな所に花瓶置いたら、かやってまうに」神戸町「台風で裏の倉庫がかやってまった」羽島市（同）大野町・垂井町・美濃加茂市
からげる→しばる・荷造りをする「洗濯物、からげて」輪之内町「お父さん、休みの日ぐれーゴロゴロせんと、積み上げた新聞からげといて」岐南町（同）大垣市・海津市・飛騨市

からすがえり→こむらがえり「寝ている時のからすがえりは痛いんやさー」飛騨市
がらんど→空洞・何もない「あの家、知らん間にがらんどになってた」笠松町
かりてく→行く・伺う（隣近所の軽い約束）「お昼ごはん食べてから、かりてくでよ」「ほんなら待っとるで」郡上市
かわいい→可哀そう・気の毒な「あの子、ひとりぼっちで、かわいいなぁ」白川村
かんかこ→祭りの鉦（かね）「かんかこ、来たぞー」高山市
かんかなぁ→どうしようもない・何ともならない「おまー、本当にかんかなー奴やなー」瑞浪市「道路に穴があいて、かんかなーでかんわ」多治見市
かんかない→どうしようもない・何ともならない◆「勘考がない」から「かんこうない」さらに「かんかない」に変化したという説も。「こりゃ、かんかない」白川町「まったくかんかない子やね」中津川市（同）御嵩町・美濃加茂市・八百津町
かんから→空き缶「頼むでかんからを捨てんよーに」飛騨市
かんかん→缶「このせんべー、湿るでカンカンに入れときゃー」土岐市
かんかん→きつい・固い・しっかりと「この瓶のフタ、カンカンやであかへん」関市「新聞の束、カンカンにしばっといて」岐阜市
がんがん→空き缶「ただいまー。あーおなかすいた。おかーさん、おやつ何かあるー？」「そこのガンガンの中にお菓子があるで食べやー」関市
かんこう（勘考）する・かんこする→考える・検討する・工夫する「何とかかんこーしてくんさい」北方町「ちゃんとかんこーして、やれよ」七宗町「お金が足らんがどーする？」「何とか、かんこーするわ」土岐市「前より早く出来るよーに、かんこーしたのよ」中津川市（同）海津市・岐阜市・関市・富加町・美濃市・山県市・養老町・輪之内町
かんこうば→トイレ・勘考場「かんこうばに行ってくる」岐阜市
かんす→蚊「ここはかんすが多いでかん」羽島市「かんすに食われて、かいー」

土岐市

き

きいない・きんない↓黄色い「きーないハンカチ無くしたんやけど知らん?」中津川市「畑にきーない花がさいとるわー」恵那市（同）揖斐川町・七宗町

ぎす※↓痩せぎす「いっぱい食べんとぎすになるで」飛騨市

ぎーす↓きりぎりす「ぎーすを飼ってる」飛騨市

ぎざ↓縁起「ぎざが悪い話やなぁ」美濃市

きたなこい↓汚い「きたなこいこと、すんなて」大垣市「いつも、きたなこい服を着とるなぁ」安八町「あのじんは、いっつもきーったなけー恰好してござるで、そら彼女が出来んわなー」関市

きちょる↓来ている「担任の先生が家に来ちょる」美濃市

ぎっちょん↓きりぎりす「ちーせー頃、うちの裏はまんだ野原があったで、よーぎっちょん取ったもんや」岐南町

きっつくらい↓嫌い「あのじんは好きになれん、きっつくらいや」岐阜市「あのじんは、意地が悪いで、きっつくらいやわ」関市・（同）安八町・輪之内町

きっぱ↓片っ端から◆語源は「きりはし（切り端）」の促音便「きっぱし（切っ端）」で、「切れ端・片端」を意味する古語。「柿の木、みーんな美しゅう色んどるなも。ほんじゃ、きっぱに取るでなも、えか」関市（旧洞戸村）

きっぱずけ↓とりあえず・ぼちぼち「今年も無事に済んで何よりやって」「ほんに、きっぱずけ、きっぱずけでさ」郡上市

きてーな↓来て下さい「はよ、来てーな」関ケ原町

きてまった↓来てしまった「モタモタしとったら、バスが来てまった」富加町

きばる↓意気込む・頑張る「あんた、よーきばるなー」関ケ原町

きびしょ↓急須◆文政年間の「芸苑日渉」にも見られる古語。「急須」のもとは中国福建省の「急焼（キヒシャオ・キビシャオ）」からと言われる。「きびしょ」は「急須」より原音の「キビシャオ」に近い。「まーへーお客さんが来るで、はよまわししやー。きびしょに茶かすがへーったままやないか」岐南町

きめる↓捕まえる「今日はタモ持ってザリガニきめに行こか」岐阜市「今日は用水のフナ、きめにいこめー」岐阜市

きもい↓窮屈・きつい「最近このスカートきもいんやわ」岐阜市「その靴やと、ちょっときもいか」美濃加茂市

ぎゃあろ・げえる↓カエル「ぎゃーろ、取りにいこめー」美濃市「ぎゃーろが鳴くから帰ろめー」羽島市「げーろ、きめに行こめーか」関市

きやす↓（火を）消す「よー山火事になっとるで、タバコの火はちゃんときやさなあかんて」岐阜市

きゃっとする↓腰や関節などに軽く鋭い痛みが走る状態「急に立つときゃっとする」美濃加茂市「きゃっとさせんといて」輪之内町

きゃっとんさる↓帰っていらっしゃる「先生がきゃっとんさった」岐南町

ぎょうさん↓たくさん◆日葡辞書にGuiosanmi（ギョウサンニ）と出ている。「心中天網島」などにも見られる上方

ルーツの古語。「京都はいつ行っても、人がぎょーさんおるなぁ」海津市（同）関ケ原町・垂井町・御嵩町・輪之内町

きりばん↓まな板「きりばんの上でちゃんと切りゃー」美濃加茂市

きりもん↓着物・着るもの◆元禄年間の「心中涙の玉井」や滑稽本「東海道中膝栗毛・京」などに見られる古語。もとは「着るもの」から「着りもの」そして「着りもん」へ。「おまはんは、えーきりもんをぎょーさん持っていなさるなー」羽島市

きんさる↓いらっしゃる「何しにきんさったんやな?」美濃市

きんにょう↓昨日・きのう「きんにょー、何しとったよ」中津川市

きんのう↓昨日・きのう「きんのーのテレビに、おめーの学校が映っとったぞ、見たか?」岐阜市「きんのーからずっと歯がいってーなー」安八町「きんのーの試合、どーやった?」美濃市「きんのーな、しゅうず（＝清水）へ水を汲みに行ったら、どいかい（＝とても大きな）へんび（＝へび）が、まるこー（＝丸くなって）わがたっとった（＝とぐろを巻いて首をもたげていた）とー、おそがいなー」揖斐郡揖斐川町（旧徳山村戸入）

く

くうなる↓しゃがむ・頭を低くする「おーい、もーちょっと、くーなっとくれんか?ちっとも前が見えんのやで」「そら気がつかずに、ごめんしとくれ」郡上市

くくずる↓苦労する・コツコツ努力する・心をこめて長く続ける「夏休みの工作、よーここまで、くくずってやったなー、えれーやっちゃ」岐阜市

ぐざる↓無理を言う・駄々をこねる「よー、ぐざる子やなー」美濃加茂市

くさんじ↓カメムシ「くさんじが屁ーこいたで、くさーて、かなわんなも」関市（旧洞戸村）

くすがる・くさがる・くさげる↓刺さる「山に入ったら、とげがくすがった」恵那市「足にくぎがくすがってまった」白川町

ぐすぐす↓ゆるい状態・カパカパの状態・ガバガバの状態「この靴、ぐすぐすや」大垣市

くそごがわく↓非常に腹が立つ◆「ごがわく・ごうがわく」を強調。「あのじんがえらそーに言うもんやで、くそごがうぇーてまった」岐阜市「車の窓からゴミほかってけつかるとこ見たら、くそごがわーてきた」多治見市（同）美濃加茂市

くそだわけ※↓大馬鹿者◆「バカ・アホ」を強調。「くそだーけ!うるせーで外へいきねー!」高山市

くだれた↓下さった・いただいた「こねーだ○○さんが手紙をくだれたけど、忙しいもんやで、まんだ返事を出しとらんのやて」岐阜市

くっく↓苦労して・一生懸命「くっくしてつくったもん、持ってかれた」富加町

くっくと↓せっせと・一生懸命「あのじんは、めーにちおっそーまで、くっくと仕事やっとらしたで、はえーこと死んでしまわしたげー。仕事なんか、えーころかげんにやっとりゃーえーに」岐

阜市を中心に広域

ぐつぐつ↓いっぱい・混んでいる状態「この電車、ぐつぐつやわ」岐阜市「今日の駐車場ぐつぐつやねー」各務原市

くつずる↓こつこつ努力する・夢中になる「今日はくつずって、一生懸命やったわ」美濃市

くつばかしい↓くすぐったい「くつばかしいで、もーおけよ」高山市・飛騨市

くもじ↓白菜やかぶらの漬物（塩漬け）「このくもじ、うめーぞ、食ってみてくれんさい」高山市・飛騨市

くるう↓暴れる・乱暴する「そんなとこで、くるっとたらあかんよ」岐阜市

くるくる↓割と近い時間内に行く・伺う・お邪魔する「今夜の忘年会やけんど、おまん、どーなんよ？」「おー、くるくる。しし鍋やったんな」「郡上時間やとだしかんで、ちゃんと時間にこな」郡上市

くろ↓すみ・端・かたわら「道のくろにつくしが生えとる」海津町「ゴミ箱はくろの方にあるがね」各務原市「くろに置いたるで持ってきぃ」揖斐川町「谷ぐろの田んぼで遊んどるよ」東白川村「ここは邪魔やらー、そっちのくろに置いとけ」瑞浪市（同）安八町・神戸町・北方町・岐阜市・富加町

くろにえ・くろじ↓青あざ「ひざ打って、くろにえが出来てまった」美濃市

くろにえる↓青あざが出来る「足ぶつけて、くろにえた」土岐市「知らんうちに足の向こうずねが、くろにえてまっとる」岐阜市「転んだ拍子に膝を打って、くろにえとる」瑞浪市

くんさい↓下さい・ちょうだい「仲間に入れてくんさい」美濃市

くんさる↓下さる「隣のおばさんが野菜をくんさった」富加町

くんさらんかな？↓下さいませんか？「エアコンをまーちっと強してくんさらんかな？」美濃市

け

け↓下さい「このみかん一袋、け」中津川市

けーな↓手・腕「たまの田植えは、ずんげー、けーな痛なるな」岐阜市

けった・ケッタ・ケッタマシーン↓自転車「ケッタでコンビニ行ってくる」養老町「かっこいいケッタやねー、どこで買ったの？」岐阜市（同）北方町・下呂市・関市・富加町・山県市

けった↓帰った「もーへー、けってったわ」大垣市

けっちょもない↓とんでもない「交通事故で相手の車にちょっとキズをつけただけなんやけど、新車に代えろって言われてまって、おーじょーこいとるんやて」「そりゃー、けっちょもないことやったね」可児市

けってかす↓帰られる・お帰りになる「お客さん、さっき、けってかしたよ」垂井町

けってく↓帰って行く「あいつ、けってったか」安八町

けってこい↓帰ってこい「遊んどらんと、はよー、けってこい」大野町

けつまづく↓つまづく「大きい石にけつまずいた」関ケ原町

けなるい↓うらやましい◆日葡辞書に Qenarij（ケナリイ）とか quenarij（ケ

ナリイ）と書かれた古語。「異（け）なり」が形容詞化したもの。「あーゆー生活はけなりーなぁ」池田町「またハワイに行ってみえたの？けなるいねー」岐阜市（同）安八町・恵那市・笠松町・北方町・下呂市・中津川市・飛騨市・美濃市

けなるー↓うらやましい「うそー、あいつに彼女が出来たの？けなるーなぁ」瑞浪市「宝くじに当たったげな」「けなるーなー」土岐市

げばいた↓馬鹿な・愚かな・駄目な・下品な「あんまりげばいたこと言っとったら、だしかんぞ」高山市「結局げばいてまったんやさ」下呂市

げばす↓失敗する「パソコン、あわてて入力して、げばすなよ」高山市・飛騨市

けぶらい↓様子・気配・予感「どーも雨戸のくろのほうに、猫がおるよーなけぶらいがせるんや。ちょっと見てくんさらんかな？」関市（旧洞戸村）

げぼする↓吐く・もどす・ゲロをはく「飲みすぎるとせーが、げぼしてまうぞ」岐阜市

こ

ごいんさん・ごえんさん↓お坊さん・僧侶◆浄土真宗東西両本願寺では御院家（ごいんげ）と呼び、西本願寺では御院主（ごいんじゅ）という呼び方もある。これらの略称でポピュラー。岐阜では他に禅宗ルーツの「おっさま」もおなじみの呼び名。「母ちゃん、ごえんさん、ござったよー」「まーへー、ござったかな？」岐阜市「ごいんじゅさま、せっかく菓子を出しても食べんさらへんで、お茶だけまわしすれば、えーなも」関市「ごえんさん、いつ、ござるかしゃん」大垣市「ごえんさんがござらした」大野町

ごうがわく・ごがわく↓腹が立つ・むかつく・頭にくる◆江戸時代に上方から広まった古語。強調すると「くそごがわく」となる。「変なこと言われて、ごがうぇーてまった」各務原市「あいつにゃー、ごがわくな」飛騨市「うちのじーさんには、ごーがわいてかなわん」揖斐川町「あかん、段々ごがわいてきた、許せん！」瑞浪市（同）恵那市・北方町・岐阜市・関市・富加町・羽島市・美濃市

ごわかす↓腹が立つ・むかつく・頭にくる「あの態度に、ごわかいた」高山市

こうしゃく↓不平・不満・文句。「こうしゃくをたれる」というフレーズがポピュラー◆「講釈」の本来の意味は文章や語句の意味を説明したり物の道理などを説くこと。「おまはん、味が薄いとか、冷めてまっとるとか、あーたらこーたら、こーしゃくをたれんと、出されたもんは、ちゃっと食べやー」岐阜市

こうとい↓地味・質素だが上品◆江戸時代に上方から広まった古語。「あんた若いんやで、この服ちょっとこーといんと違う？」笠松町（同）美濃加茂市・山県市

こうらい・こうらいきび↓とうもろこし「うちの畑でとれたこーらいや」安八町・岐阜市

こえてく↓引っ越す「大阪にこえてかっせたみてーやわ」大垣市

こきつける↓ぶつける「頭をこきつけて

まった」白川町

こぎる↓値切る◆古語「小切（こぎ）る」は①小さく切る②値切るの意味があり日葡辞書にCoguiruと記録された古語。「このネクタイ、こぎって買ってきたんやて」美濃市「このめーの陶器市で、志野の茶碗、こぎりっからけーたった」「おまはん、たまにはこぎらすと買やー」岐阜市

ごくたれ※↓怠け者・ごくつぶし「このごくたれめが、いつまでぶらぶらしとるんか」美濃加茂市

こけ↓きのこ◆物類称呼に記述がある古語。「今年は山のこけがでーれー取れるそーや」岐南町・富加町「こけ、取りに行ってくるさー」飛騨市

こく↓いう・〜した「嘘こくやなーぞ」瑞浪市「びっくらこいた」東白川村

こさぶい↓少し寒い「きのーは、こさぶい日やった」富加町

ござる↓「居（い）る」の尊敬語「いらっしゃる」。「○○さん、ござらんかな？」山県市「うちの中にござらっしゃる」飛騨市（同）岐阜市・高山市・美濃市

ござる↓「来る」の尊敬語「いらっしゃる」◆古語「ござある」の略。「おっさまはござったかな？」各務原市「あす、ござる予定やよ」垂井町「さっきはどこの人がござったの？」富加町（同）池田町・揖斐川町・海津市

ござらっせる↓いらっしゃる◆「ござる」より敬語度が高い表現。「おじーさん、ござらっせるけー？」神戸町

こずむ↓①湯につかる「風呂に入ったら、お湯によーこずまなあかんよ」②沈む・沈殿する「浮いとったゴミがこずんでまった」③かがむ・小さく見える「○○さんがこずんどりんさった」①②③とも岐阜市

こせとる↓ませている・早熟な「こせとる子やなー」美濃加茂市

こぜる↓すねる「お菓子の大きい小さいぐらいで、そーもこぜんな」高山市・飛騨市

こそばいい↓くすぐったい「そんなにほめられたら、こそばいーわ」海津市

こそばゆい↓くすぐったい「のどがこそばゆい」揖斐川町

こそばかす・くそばかす↓くすぐる「セクハラにもなりかねんから、滅多に女性をこそばかしちゃ、いかんのやて」岐阜市「うしろから、こそばかすの、おきないよ」高山市

ごたーげさま↓過分なお祝い「こんなすごい料理、ごたーげさまです」瑞浪市

こっすい・こすい↓ずるい「こっすい奴やなー」養老町「わりゃ、こっすいもー」飛騨市（同）白川町・高山市

ごっつぉう↓ご馳走「たまには、ごっつぉーでも食おうかな」安八町

ごつくさー↓格好の悪い・武骨な「なあんちゅー、ごつくさー、かっこしとるの？」瑞浪市

ごつくさい↓田舎臭い・野暮な「あそこの嫁はごつくさいのー」羽島市

こつける↓ぶつける「車をこつけてまった」高山市

こづらにくい↓にくたらしい・可愛げがない「あそこのボーはちーっとも可愛げがねーなー。ほんと、こづらにくいでかん」岐阜市

こてがる↓転ぶ「自転車に乗ってこて

がった」土岐市

こびる→間食・おやつ「ひだるいで（空腹だから）、こびるにせんかなー」飛騨市

ごぶれいする→失礼する①（別れ際に）「お先にご無礼します」②（風呂上がりに）「お先にご無礼しました」（①②と同）北方町・岐阜市・関市・美濃市・養老町・輪之内町

こべこべ→ネバネバのものが乾いている状態「風邪ひいて鼻の下がコベコベになってまった」岐阜市「お茶碗にご飯つぶが、コベコベにくっついてまっとる」北方町

こぼち→動物を捕えるワナ「昨日の夜、こぼちをかけといたら、狸が二匹かかっとったよ」羽島市

こぼらかす→こぼす「ほれ、テレビ見ながらご飯食べると、こぼらかすよ」羽島市

こまさる→（間に）はさむ・入れる「電話しとったら、寄り合いに遅うなってまってよ、ごめんしとくれ。ちょっと、こまさしとくれんか」郡上市

（歯に）こまる→すきまにはさまる・ひっかかる・つまる「スルメが歯にこまってまった」御嵩町

ごみする・ごみをする→ゴミを捨てる「またゴミしおって、車からポイってゴミするんや、あかん！」瑞穂市「道路にゴミをしない」北方町

こやー→来なさい・いらっしゃい「こっち、こやーて」川辺町

こりゃこりゃ→これはこれは「こりゃこりゃ、ありがとうえな」飛騨市

こりゃほんね→これはこれは（驚きの表現）「こりゃほんね、でかい大根やな」白川町

こわい→①可哀そう・気の毒「きのー財布落としてまったんやさ」「あれ、こーわいさー」高山市②申し訳ない・恐縮する「こんないっぱいもらってまって、こわいなぁ」下呂市「お茶とお菓子でもどーぞ」「あれ、こーわいなー、ほんとにまー」高山市③強い「注射で泣かんこの子、こわい子やねー」山県市④固い「このご飯、ちょっとこわいなー」御嵩町・七宗町「おしゃ、体がこわい奴やな」白川町⑤恥ずかしい・弱ったこと…の意味もある

こわいも→恐縮する・申し訳ない「急にそんなこと言われても、こわいも。婦人会で挨拶なんてよーせんで、役員の人にやってもらっとくれ」郡上市

こわける→壊れる「おもちゃがこわけてまった」本巣市「洗濯機が古なって、こわけそーなんやて」岐阜市

（お金を）こわす→（お金を）くずす「小銭がいるから、こわしてきた」「一万円札、こわれん？」揖斐川町（同）各務原市・北方町・岐阜市・富加町・養老町

こんこ→粉「口のまわり、こんこまるけやん」大垣市

こんころこん→着ぶくれ・ぶくぶくの状態「服を着こんで、こんころこん」池田町

こんだけばか→これだけ・これっぽっち「なーにー、あんたのボーナス、こんだけばかしかあらへんの？」岐阜市

こんだばかし→これだけ・これっぽっち「へ？お駄賃、こんだばかし？」羽島市

こんといて→来ないで「こっちに、こん

といてな」輪之内町

こんどがえり↓今度「こんどがえりにしよか？」大垣市

さ

ざいごさ※↓田舎者（在郷＝ざいご）「あいつは、ざいごさやでな～」飛騨市

ざいしょ↓田舎・故郷・出身地・実家◆大蔵流「虎明本狂言・筑紫の国」や「謡曲・藍染川」、近松門左衛門の「曽根崎心中」に見られる古語。「あそこの嫁さんはざいしょ（在所）に行っとんさるわ」揖斐川町「おまはん、ざいしょはどこやったな？」岐阜市・各務原市・北方町・関市・美濃市・養老町

ざいはらい↓はたき「そこのざーはれー、取ってくんさらんかな？」岐阜市

さえもん↓野菜「せぁーもんも食べなあかん」大垣市

さきがた↓さっき・先ほど「さきがた、宅配便で荷物が届いたよ」岐阜市

さくねる・さぐねる↓探す「スマホ、見当たらんで、さぐねちょる」美濃市

さくまう↓盗む・だまし取る・ごまかす「人のものをさくまうなよ」美濃市

ささって↓あさっての次の日・三日後・しあさってのこと◆全国的に「あした」「あさって」「しあさって」と続くが、飛騨地方では「あした」「あさって」「ささって」「しあさって」と言う。このため飛騨出身者と「しあさって」に会う約束をすると一日ずれることになる。「ささって」は「さあさって」が短縮したもの。「ささって」の「さ」は「さらいねん」や「さらいしゅう」の語頭につく「さ」と同じように「次の」と言う意味。ささって＝さあさって＝「さ（次の）＋あさって」＝「しあさって」を意味する。「ささって、そっち行ってもええ？」下呂市「ささっての三時、駅であわまいか」高山市・飛騨市

さしこと↓長い間「さしこと見なんだけど、まめやったかな？」飛騨市

さしーこと↓久しぶり「さしーことやなー！」「さしーことめやなー！（めは強調）」飛騨市（神岡町）

ざっしもない↓乱雑な・だらしがない・散らかっている↓「ざっしもねー部屋やなー」揖斐川町（「らっしもない」を参照）

さっぱり↓絶対に「さっぱり、嘘を言うやないぞ」中津川市（旧付知町）

さぶい↓寒い「今朝は一段とさぶいなぁ」安八町「今日は一段とさっぶいなー」下呂市

さべる↓しゃべる・話す「あの人は、よーさべるなー」飛騨市

さむうなあ↓寒い「さむーなーは寒い、さむなーは寒くないという意味やで、よその人は分からんでかんわ。ほやらー？」多治見市

さらえる↓最後に残ったものを食べる「お皿、さらえていい？」各務原市

さわいで↓急いで「時間に遅れそうやったで、さわいで家を飛びだいたわい」中津川市（旧付知町）

ざんざんぶり↓土砂ぶり「今日はざんざんぶりやねー」本巣市

ざんばら↓散らかった状態「お客さんがござるに、この部屋ざんばらやで、はよ片づけなかんて」山県市

さんまえ・さんまい↓お墓・墓地◆語源

は梵語のsamādhiの音写で「さんまい」。「お盆にさんまえに行ってきた」岐南町「これからさんまえに行ってくるでなも」岐阜市

さんまさんま↓たびたび・いつもいつも「そー、さんまさんま行くもんやないわ」美濃加茂市「さんまさんま来てくだりゃーて、ありがとね」可児市

し

じいも↓里芋「子どもの頃は、じいも畑ばっかやったよ」各務原市

しかしかする↓痛痒い・チクチクかゆい「髪の毛カットして、首がシカシカするんや」岐阜市「背中ん、シカシカするわ」大垣市

しぐしぐ↓雨がしとしと降る様子「雨がしぐしぐ降っとる」池田町

しぐらい↓天気が悪くて薄暗い「今日はしぐらいなぁ（冬場）」揖斐川町「しぐらくて新聞が読めん」池田町

じさま↓おじいさん「あそこのじさまは、腰が低い人なんやさー」飛騨市

しし・かべじし↓かもしか「この前、山でしし、見たんやさ」飛騨市

じっさ↓おじいさん「〇〇とこのじっさが、今度ご長寿早押しクイズの予選に出るそーな」垂井町

じじもも↓字とも絵とも模様とも分からないような幼児の落書きのこと「学校に上がる前にちょこっとじじもも教えたるわな」岐阜市

しずむ↓（湯に）つかる「肩までちゃんとしずみんさいよ」美濃市「お湯にしずもめー」岐阜市

しちまった↓してしまった「おもらししちまった」多治見市

してまった↓してしまった「大笑いしてまった」岐阜市

じっきに↓すぐに・間もなく「じっきにくるで待っといて」御嵩町「これくれーの怪我やったら、つばつけときゃー、じっきに治ってまうでしんぺーいらんて」岐阜市・八百津町

しっちょる↓知っている「そんなことなら、わっちも知っちょるよ」美濃市

しっとんさる↓ご存知でいらっしゃる「あんた、これ知っとんさるか?」坂祝町

しとねる↓育てる「五人も子どもをしとねるのは、ほりゃ大変やて」安八町

しぶち↓時雨・少量のにわか雨「日暮れにしぶちが降ってきたもんで、小寒かった」富加町（同）大野町・美濃加茂市

しにょうる↓死につつある「蚊がしにょーる」（人間には使わない）多治見市

しみたれ※↓だらしがない・なまけた・無精な「あのじんは、いっつもしみたれた格好しとるでいかん」岐阜市

しみる↓①凍る・凍りつく◆「凍（し）む」は「源氏物語、若菜下」に出てくる古語。「水道管がしみてまっとる」高山市 ②冷え込む（真冬の朝）「けさは、えらいしみたなぁ」高山市（同）下呂町・白川村・飛騨市

しゃ↓ななめ「板をしゃに切って使うんや」七宗町

しゃえん↓野菜「畑にネギとかしゃえんがあるから取ってくるで」羽島市

じゃけら↓冗談「じゃけらばっか言って」安八町（同）関市

じゃけらこい↓冗談のような「そんな

じゃけらこいこと言いんさるな」美濃市

しゃちやく↓おせっかいをする・余計な世話を焼く「あのじんは、あれせよこれせよと、ホントしゃちやくで、うっとーしーでかん」関市「またしゃちやいとる、今日は誰のしゃちやいたの?」瑞穂市「しゃちやかんといてーや」大垣市（同）神戸町

しゃびしゃび↓（濃度が）薄い「しゃびしゃびのコーヒーやねぇ」本巣市

しゃべっとらへん↓話していない「俺ちょっとも岐阜弁しゃべっとらへんやろー?」岐阜市

しゅうなこい↓くどい・しつこい・油っこい「ニシンは半干しがおいしいけんど、たべたあとに口の中がしゅーなこーなるもな」郡上市

じゅるい↓ぬかるんだ状態「道じゅるいで、気ぃつけいーよ」大垣市「この田んぼは、ほんまにじゅるいな」垂井町「そこはじゅるくて滑るから、気ぃつけーよ」池田町

しょうばいに↓ひんぱんに「花や木はしょーばいに水をくれてやるんやさー」飛騨市

じょうぶい↓丈夫な・タフな・精神的に強い「あのじんは、徹夜続きでも、どえれーじょーぶい奴なんやて」岐阜市

しょしゃ↓格好・姿「そんなしょしゃで座っとったら、猫背になるぞ」下呂市

しょて↓一番初め◆語源は「手始め・最初・しょっぱな」を意味する古語「初手（しょて）」。「しょてに、あんたやってみて」美濃加茂市

じょり↓ぞうり・つっかけ・サンダル「おまはん、スーツ着とるのに、会社にジョリはいてきてまって、どーしたんやな?」岐阜市「ジョリでは走れーへんわ」富加町（じょーり・じょりっぱ・じょじょ・じょじょぱっぱ…ともいう）（同）各務原市・関市・羽島市・本巣市

しょんべきだ↓小便器・トイレ「しょんべきだは家の外や」七宗町

しらすと↓知らずに「どーしよー、パンにカビが生えとるのしらすと食べてまったげー。でーじょーぶやろか?」岐阜市

じん↓人「あのじんのぜーしょはどこやな?」関市（同）富加町

しんご↓あと始末・あと片づけ「正月に孫が来るのはえーけんども、帰った後が大変よ。しんごせんならんでな」郡上市

しんさった↓された・なさった「この前の同窓会で、なんか、しんさったの?」富加町

しんじょか↓何だか・どうやら・どうも「向こうから来るじん、しんじょか見たことがあるなぁ」関市（旧洞戸村）「こっちの方が、しんじょか、えーよーや」美濃加茂市

しんた↓底「桶のしんたが抜けてまった」七宗町（同）中津川市

しんびょうに↓①静かに・寂しく・しんみり「この通りは店が減って、しんびょーになったなー」飛騨市「ばーちゃん、おらんよーになって、しんびょーになったな」飛騨市②急がずに・ゆっくりと「こんなにご馳走していただいて」「なーに、しんびょーにあがっとくれ」郡上市③お大事に（お見舞いの時に）「ほんなら、しんびょーにしと

くれよんな」「ほーら、おーきに、よー来とくれた。おまんもためらいなれ」郡上市

す

すうしい↓涼しい「今朝は、ちょっとすーしー」七宗町

すうめ↓恥ずかしがり「おんしは、すうめやでなー」土岐市

すかたらん↓気にいらない・にくい「おまえは、すかたらんやっちゃなー」中津川市

ずく↓やる気・根気・覇気「ずくがない奴やなー、はよやらんか」美濃加茂市「そんなずくは、おまーにはないやらー」瑞浪市

すくいもり↓すき焼き「今夜は、すくいもりにしよめーか」岐南町

すくむ↓つかる「風呂で肩まですくんで、よーあたたまるんやよ」富加町

すこしばか↓少しばかり「少しばか、おすそ分けするね」笠松町

ずつない↓「づつない」を参照

すべってまった↓滑ってしまった「今朝、雪ですべってまった」富加町

ずぼる↓雪などに足がめり込む「雪にずぼりこんでまった」高山市

すやくる↓手を抜く・雑にやる「そんな、すやくることをするな」美濃加茂市

ずるける↓なまける「ずるけとったら、あかんがや」大垣市

せ

せーってくる↓そう言ってくる「おまはんとこ、今度の夏祭りのまわしを、たのむんなって、せーってござったかな?」関市

せーのーでっ!↓「せーのっ!」「いっせーのーせっ!」「いちにのさん!」(何かを一緒に持ったりする時の掛け声)「さ、それじゃ、持ち上げるよー。せーのーでっ!」岐阜市(同)各務原市・関市

せこみち↓せまい道「せこ道を曲がったそばに、わっちの家があるんやて」富加町

せせる↓たかる「ハエが魚の上にせせっとる」羽島市

せで・せれと↓急いで「せで行かんと、のなるで」飛騨市

せべー↓せまい「せべー町やで、集まるのはいっつもおんなじメンバーや」岐阜市

せめ↓ボタン・ひもボタン◆全国的にどこにも見当たらずわずかに岐阜県内の生存だけが確認されている珍しい方言。日本方言大辞典には、旧吉城郡と旧武儀郡での分布が記録されているが実際にはもう少し広がりが見られる。また古語大辞典によると「せめ」は「笙(しょう)、刀の鞘(さや)、扇子などの端からはめて締めつけておくたがのような輪」とあることから「ひもボタン」のひもでできた輪の部分のことか。「そんなだらしねーかっこーしとらんと、ちゃんとせめかやー」(「せめ」と「かう」がセット)岐阜市「お前の服の二番目のせめが取れとるぞ」岐南町「せめがとれてまったわ」本巣市「せめはめて」美濃加茂市「ブラウスのせめが取れてまったで、お母ちゃんつけてー」関市

せやが↓つまり「そーするとせやが、こー

なるか」池田町

せる→する「これからちゃんとせるってって、ごめんしてもらいなれ」郡上市

せわない→①簡単「そんなことやったら、世話なく出来るわ」八百津町②手がからない「あんたんとこの孫は、世話ないで、育てるの楽やなぁ」富加町

せんがない→物足りない・やりがいのない・残念な・さびしい「一所懸命やっても、何も言われず、せんがねーこっちゃ」美濃市「今日のパーティーは、肝心な中心人物の○○さんがおんさらんかったで、せんがなかったねー」関市

せんしょ→お節介・差し出がましい口をきくこと「黙っとれ、おまーがせんしょこくことやなー」瑞浪市「あいつは、せんしょなことを言うやっちゃ」中津川市

そ

そう→言う「おめーが、そったんやさー」飛騨市

そうましい→①騒々しい・うるさい◆「騒(そう)がましい」と同じ。「しかしそーましー女やなー」瑞浪市「あんたんとこは、ほんとそーましー家庭やで、めーにち飽きんやら」岐阜市②散らかっている・ぐちゃぐちゃになっている「この部屋は掃除してないで、そーましーわ」恵那市

そうも→そんなに「そーも、金がかかるのか」坂祝町

そうやんなぁ→そうですね「そーやんなー、ええと思うよ」郡上市

そこ→あなた・あなたの・あなたの家「そこ、ゴールデンウイークにどっか行くんかなー」高山市「そこへ行こすさー」飛騨市

そこた→底「段ボールのそこたに入っとる」七宗町「壺のそこたにひびが入っとる」土岐市

そこどこない→それどころではない「家族に急病人が出たもんやで、今そこどこねーんやて」岐阜市「あしたまでに、この仕事を全部かたづけてまわなあかんで、そこどこねーんや。わりーけど今夜のいっぺーは、ごぶれーさせてもらうわな」関市

そしゃ→それでは「そしゃ、ご無礼するでな」下呂市

ぞぞけがたつ→鳥肌が立つ・ぞっとする◆古語「ぞぞ髪立(がみた)つ」が語源。「ヘビを見るとぞぞけたつ」美濃加茂市「あかん、ぞぞけが立ってきた」瑞浪市・多治見市

ぞぞっとした→ひやっとした「ふた開けたら何かおって、ぞぞっとしたんやて」富加町

そばえる→騒ぐ・はしゃぐ・じゃれる・暴れる「○ちゃん、そんなにそばえちゃいかんて」飛騨・中濃・東濃

ぞみぞみする→風邪をひいて寒気がする・ゾクゾクする「風邪ひいたのか、なんか背中がぞみぞみするわ」池田町「熱があるのかなー、体がぞみぞみするんやて」池田町（同）北方町・岐阜市・本巣市

ぞみっとする→鳥肌が立つ「ぞみっとするほど怖かった」美濃加茂市

ぞめく→からかう◆「(遊里を)ひやかして歩く」ような意味の古語「騒(ぞめ)く」(上方語)が語源。「部長、今

日はまたお洒落して」「おまはん、わしをそーもぞめくやなーぞ」可児市

そやで→だから「そやでー、前にも言ったやろー?」岐阜市（同）関市

そやらー?→そうでしょう?「おまはんの時計いいやん、そやらー?」山県市

そやろ?→そうだろう?・そうでしょう?「彼は、いっこくなじん、そやろ?」笠松町

ぞろ→うどん・そば・麺類◆女房詞「そうめん」を示す古語。「ぞろぞろ」ともいう。「御湯殿上日記」に「信長よりぞろ一箱参る」との記述があり、日葡辞書にも「Zoro（ゾロ）すなわちサウメン。婦人語」とある。「あの店のぞろは、うみゃーなも」岐南町「ぞろは、のびてまわんうちに、はよ食べよめー」岐阜市

そろっと→静かに・そーっと「そろっと歩かんとあかんよ」海津市「そろっと様子見てくるわ」垂井町

ぞんがい→案外・意外と・思いのほか「あの人、ああ見えてもぞんげー若かったりして」安八町「あいつは、ぞんげー飲めるぞ」岐阜市（同）神戸町

ぞんげる→告げ口する「お父ちゃんにぞんげるぞ」中津川市

そんこく→損をする「今日はパチンコで二万円も損こいてまった」岐阜市

そんねえ→そんなに「そんねー、買ってええんかなー」飛騨市

た

たあがたあが→適当「そんなに真剣にやらんでもえーで、たーがたーがでやめときゃー」瑞浪市

たあげ→気が乗らない・身体がだるい・嫌「あかん、今日はくたびれて、たーげやで、もー寝るわ」瑞浪市「借金を取りに行くのは、たーげやなー」土岐市

だーだーに→水がもれて勢いよく流れている状態「そんなに水をだーだーに流いとったらもったいねーでかん」岐阜市「水がだーだーに流れとったよ」養老町（同）北方町

だだもれ→水がもれる・水がこぼれる「水がだだもれや」七宗町

たーもない→大変な・とんでもない・馬鹿馬鹿しい・ひどい・無茶な「たーもない雨が降った」御嵩町

たいもない→大変な・とんでもない・馬鹿馬鹿しい・ひどい・無茶な「あれほど言ったのにてーもねーことして」岐阜市「ほーかっといたら、たいもないことになってまった」富加町（同）恵那市

たいげ→退屈「雨が降って、外に出れんで、たいげだわ」恵那市

たいだい・てえでえ→わざと・わざわざ「忙しい中をてーでー行ったのに、だーれもおらんかった」岐阜市「てーでー、そんなことせんでも」安八町

だいたげる→出してあげる「こんなもんでえーなら、いくらでもだいたげるよ」垂井町「大きいサイズの靴、今だーたげるで」多治見市

だいつう→お洒落・モダン◆世事や人情、特に遊里の事情や遊興の道に良く通じている人のことをいう古語「大通（だいつう）」が語源と見られる。「あの人、だいつーやねー」美濃加茂市

だかまえる→抱く「ちょっと、赤ちゃん、だかまえとって」大垣市

たきもん↓薪（まき）「ストーブで燃やすたきもん持ってきて」七宗町「たきもん、取りに行くわ」八百津町

たぐなる↓絡みあっている・ひもなどが絡む・ゆるんで折れ重なる「ひもがたぐなって、どーしよーもない」美濃加茂市「ひもがたぐなっとるで、気をつけなあかんよ」東白川村

たくれる↓転がり落ちる「ぼた（斜面）をたくれた」中津川市

たけ※↓アホ・バカ「わりゃー、たけかー」飛騨市「たわけ」の兄弟。（短縮形）

だしかん↓駄目・いけない「これからは、もっと気さくに飛騨弁使わにゃだしかんなー」高山市「そんなことしちゃーだしかんさー」飛騨市「悪さしたらだしかんぞ」白川村「そんなことではだしかんねけ」下呂市「ちゃんとせんとだしかんよ」郡上市

だちかん↓駄目・いけない◆語源は「埒（らち）が明（あ）かん」。「埒が明く」とは「物事がはかどる」「決まりがつく」「片づく」こと。「そんなことしとるでだちかん」関市「おしゃ、だちかん奴やな」白川町「黒を白と言ってもだちかん」東白川村「だちかんやっちゃなー」恵那市

だちゃかん↓駄目・いけない「あいつはだちゃかんやっちゃ」八百津町「そんなことしとったらだちゃかんぞー」御嵩町「たわけ、だちゃかん奴やなー」瑞浪市「ほんなもんだちゃかんぞ」土岐市「遅刻したら、だちゃかんなー」美濃市

たしない↓少ない・まれな「あんな良い人は、たしないさー」飛騨市

だだくさ↓粗末に扱う・粗雑に扱う・大事にしない・無駄にする「水をだだくさに使やーすな」土岐市「だだくさに扱っちゃーあかん」恵那市「大事なものやで、だだくさにしたらあかんよ」中津川市「ほんと始末がだだくさやな」垂井町「旦那の家事はだだくさやで」各務原市「大事な本、だだくさにしたらあかんて」北方町（同）岐阜市・下呂市・関市・美濃市

だだもれ・だーだーもれ↓雨や水がひどく漏れている状態「あの古いバケツは、だだもれやー」岐阜市（同）関市

だっしゃもない↓散らかっている・だらしがない・汚い「そんな、だっしゃもない恰好して」下呂市「だっしゃもない部屋なんやさー」高山市

だてこく↓お洒落な装いをする「だてこいて、どこ行くのいなー」飛騨市

たのむに↓頼むから・お願いだから「おまはん、なげーつきえーやで、娘の結婚式のスピーチ、頼むにやってくんせー」岐阜市

たばう↓取っておく・大切にしまっておく・ためておく・蓄える・保存する◆古語の「たばふ（惜ふ・庇ふ・貯ふ）」が語源。日葡辞書に「Tabo（タバウ）よく守り保存する」との記述あり。「大事にたばっておきなれ」郡上市「このお金は大事にたばっておけよ」美濃加茂市「たばうだけでは何ともなりゃへん」東白川村

だばいた↓ひどい「あいつは、だばいた奴やなー」中津川市

たぶろく↓ばらつきがある・不揃い・出来不出来がある「せっかく、お歳暮に

もらったみかんよ、こんにたぶろくがあっては、はりやないもな（残念だ）」郡上市

たべーへん↓食べない「そんなもん、たべーへんわ」富加町

たべないよ↓どーぞ食べて下さい・どーぞ召し上がって下さい「これ、おいしいから、食べないよ」高山市

たぼけた↓ぼけた「たぼけたことを言っとっちゃあかん」恵那市

ためらいなれ↓体を大切に「（お見舞いに来た人に）「よー来とくれた。おまんもためらいなれ」郡上市

ためらう↓体に気をつける・身体を大切にする「旅に出たらためらえよ」高山市「ためらってくれんさい」飛騨市「そしゃ、そーゆーこって、ためらってな」高山市「ためらって行きないね」高山市

たも↓虫とり網「ちょうちょをタモで採って、虫かごに入れて」岐阜市「タモでトンボ採ってこやー」美濃市「セミ採りに行くで、タモ持ってきて」神戸町（同）養老町

だら※↓アホ・バカ◆北陸地方と飛騨地方が共有するアホバカことば。「あんたは、だらやなー」「わりゃー、だらかー」飛騨市「同じこと何回も失敗して、だらはだらやぞ」白川村

だらかす※↓「だら」（アホ、バカ）を強調「おまえは、だらかすやなー」飛騨市（神岡町）

たらかす↓小さな子どもの気分を変えさせる「孫をたらかすぐれーのことは、そーむづかしいことやねーんやて」岐阜市

たるー↓物足りない・失望するような・残念な・簡単「あれは、ちょっとたるー人間やぞ」多治見市「おんしは、たるーやっちゃな」土岐市

たるい↓物足りない・失望するような・残念な・簡単「この仕事、私にはたるいわ」川辺町（同）中津川市

たるくさい↓かったるい・つまらない「たるくさいドラマや」白川町

だるやめ↓筋肉疲労のため痛みがありだるいような症状「今日は歩きすぎて、足がだるやめしとるんや」岐阜市

たわけ※↓アホ・バカ◆古語「たはく」の名詞が「たはけ」。日葡辞書にTauaqe（タワケ）やTauaqeta（タワケタ）」が出ている。「たーけか、お前は」下呂市「たーけやな、そんなとこで転んで」飛騨市「そんなたーけらしーこと、しとれんわ」中津川市「おめーはたーけか」岐阜市（同）美濃市・養老町。…たーけ↓どたーけ（または）くそだーけ↓どくそだーけ…と段階的に迫力が増す。

たわけた↓バカげた・あほらしい「そんなたーけたこと言うなよ」高山市（同）海津市

たわけこけ↓馬鹿なこと言うな「たーけこくなやー、そんなことある筈がなーやらー」瑞浪市

たわけしゃべり↓中身のない下らない内容の話のこと「〇〇さんは、たーけしゃべりばっかしてござる」関市

だんだ↓お風呂（幼児語）「おじーちゃんと、だんだに入ろー」美濃加茂市「おいコロ（愛犬）、だんだ入るぞ」美濃市（「ぶんぶ」という地域も）

たんと・たあんと↓たくさん「たんと食

べやーよ」海津市「たんと採れたなぁ」揖斐川町「たんとお食べ」八百津町「お菓子たんと持っていきゃーよ」美濃市（同）郡上市

たんのうする↓満足する◆古語「足（た）んぬ」の転。「堪能」は当て字。「虎寛本狂言・悪太郎」に記述あり。日葡辞書補遺に豊富や過分を意味するTannu（タンヌ）が見られる。用例としてTannusuru（タンヌスル）をあげている。「十分たんのーした」関ケ原町

ち

ちいせえ↓小さい「子どもでも入れそーな、どえれーちーせー箱やて」岐阜市

ちーと↓少し「一人暮らしやで、食料品は、ちーとでえーわ」八百津町

ちーとばか↓少しばかり・ちょっとばかり「ちーとばか勉強できると思って、あのボーはちょーすいとるぞ」岐阜市「あした実力テストやろー？ちぃーとばか勉強したぐれーでは、えー成績とれへんぞ」関市

ちっとばか↓少しばかり・ちょっとばかり「それ、ちっとばか分けてくれん？」海津市

ちかちか↓きれいな状態「鐘がちかちかになるまで磨いたんやて」池田町

ちくちく・ちくんちくん・ちょんちょん↓先がとがっている状態「鉛筆の先、チクチクやなー」岐阜市ほか

ぢげ↓地元「ぢげの者やから安心や」美濃加茂市「ぢげの野菜やよ」羽島市

ちゃがちゃが↓めちゃくちゃ「あのじんが妙なこと言うもんやで、折角まとまりかかっちょったプランが何もかもちゃがちゃがになってまったに」関市（旧洞戸村）

ちゃごちゃご↓ごちゃまぜ・ちゃんぽん・一緒くた「わっちも年をくってきたで、頭の中がちゃごちゃごやわ」関市

ちゃちゃぼちゃ・ちゃちゃぽちゃ↓無駄「ちーとばか、やっすいからって、こーもやせー（野菜）ばっか買い込んで、おめー、ちゃちゃぼちゃにしてまうだけやぞ」関市

ちゃっちゃと↓早く・さっさと「ちゃっちゃと片づけなさい」岐阜市

ちゃっと↓急いで・早く・すぐに・さっと「ちゃっと来やー」輪之内町「言われたことはちゃっとやらなあかん」海津市「ちゃっと用意しやー」神戸町「もーすぐお客さんが来るで、ちゃっと片づけて」大野町「ちゃっとやってきますわ」本巣市「ちゃっと行こまい」山県市「ちゃっと学校行きんせー」美濃市「準備ちゃっとしてよ」関市「ちゃとまわししやーよ」川辺町「ちゃっと宿題やっとりゃー」「やっとるげー」岐阜市（同）北方町・養老町・土岐市

ちゃのきばたへはいる（茶の木畑へ入る）↓何かをやっているうちに迷路に入り込んだように訳が分からなくなり、元の状態に戻れなくなること◆東海地方特有の慣用句。「あのじんは、商売そっちのけで道楽にうつつを抜かしとるで、とーとー茶の木畑（ばた）へへーってまったなも」岐阜市

ちゃまが↓茶釜（語順が逆で「ちゃまが」という地域あり）「ちゃまがで、湯をわかしといてくれ」可児市

ちゃんと↓決まったように・必ず（共通

語の「ちゃんと」＝しっかり・きちんと・正しく＝とは異なる）「ちゃんと道を間違えるんやて」「何度言っても、お父さんはちゃーんと忘れてまうんやから」 岐阜市を含め広域

ちょうしこく↓調子に乗る・調子づく・天狗になる・偉そうにする「あのじんはせーきん調子こいとるでいかん。いってー何様のつもりや。てーげーにしとかんとかんわ」 岐阜市

ちょうずをつかう↓トイレに行く「これからちょっと、ちょーずを使うんやさー」 高山市

ちょうすく↓調子に乗る・増長する・得意がる・いばる「あいつはいつもちょーすいとるなー」 揖斐川町「ほめられて、ちょーすいとったらいかんがね」 岐阜市「あのじんは、せーきん、ちょーすいとりゃーす」 羽島市（同）安八町・池田町・北方町・養老町

ちょうらかす↓だます「年寄りをちょーらかして、金を取りやがった。許せん」 安八町「○○にちょーらかされてまった」 輪之内町

ちょける↓ふざける・おどける◆浄瑠璃「菅原伝授手習鑑・四」にも見られる古語の「ちょうける（てうける）」が語源。「そんねー、ちょけるんじゃねー」 飛騨市「あいつはおちょけやな」 高山市

ちょびっと↓少し「ご飯、ちょびっとでえーから残しといて」 笠松町「雨がちょびっと降っとる」 海津市（同）富加町・川辺町

ちょびる↓ふざける「小さい子がちょびとる」 恵那市「あーつ、ちょびつーとるぞ」 土岐市

ちょぼっと↓少し「ちょぼっとちょうだい」 大垣市

ちょんちょん↓先がとがっている状態「この鉛筆、ちょんちょんに削って」 池田町（同）養老町

ちょんぼ↓女性の髪の毛を結んだ状態「髪の毛が伸びてきたからちょんぼしよう」 大野町

ちんちん↓熱い「鍋がちんちんにあからんどる」 御嵩町「お風呂の湯ちんちんやった」 神戸町「日本酒はちんちんにするとまずーなる」 各務原市「お湯がちんちんやで危ないよ」 大垣市（同）川辺町

つ

ついと↓とうとう「ついと出来たぞ」 美濃加茂市

ついとう↓ついに「ついとー、ばれちまっとー（ばれてしまった）」 多治見市

つうろくする↓つり合いが取れている・似合っている・調和している「その着物と帯、どえれーつーろくしとるがね」 岐阜市

つくつく・つくんつくん・つんつくつん・つんつん↓先がとがっている状態「鉛筆をつくつくに削ってまった」 岐阜市他「鉛筆をつんつんにする」 本巣市

つくなる↓しゃがむ・うずくまる「そんなとこでつくなって、どーしたの?」 東白川村

つつくなる↓しゃがむ「さっきから、つつくなってござるがどうしたんやろか」 大垣市

つくねる↓乱雑に積み重ねる・束ねる・積む◆語源は古語の「捏（つく）ねる」。

本来の意味は「合わせて一つにする・まとめる・束ねる」。「そこに服をつくねといて」恵那市「また洗濯もんつくねとるな」東白川村・美濃市「わらをつくなる」飛騨市「本をそこら中につくねたまんまにするんやないさ」下呂市「本屋でバイトしとると、つい読みたい本がいっぱいあって、買ってくるのはえーんやけど、部屋の中につくねたるだけやで、部屋がせまてせまて」関市「新聞つくねすぎやで、なだれおこして倒れてまったげー」岐阜市

つくばる↓正座する・座る「法事の時、なげーことつくばっとったで、足がしびれてまった。おまはんでーじょーぶやったかな?」(子どもに対して)「お客さんの前ではちゃんとおつくばりするんやよ」高山市(同)飛騨市

つだむ↓短く切る「たきもんにするで、つだんどけ」美濃加茂市

つっつからかす↓つきまくる(「突っつく」+「からかす」)「(小声で)ご馳走をそんなにつっつからかすと、お客さんが嫌がるでやめやー」岐阜市

つっと↓すぐに・早く「つっと食えるものは何かある?」多治見市

づつない↓おなかがいっぱいで苦しい・満腹で動けない・気分が良くない◆「枕草子」に見られる古語の「すべなし」を漢字表記した「術なし(じゅつなし)」を「ずちなし」と音読したものが語源。「術なし」は「なすべきすべもなく困り果てる」「苦しい」の意味。「あー、づつな、食べすぎてまったわ」「づつねーで、おまはん、ちょっと仕事かわってまえん?」「食べ過ぎてづつねーであかん」岐阜市(同)山県市・笠松町・池田町

つぼ↓①たにし「せーきんは用水によーけ、つぼがついとるがね」②粒(つぶ)「口元にごはんつぼついとるよ。まーちょっと上品に食べやー」岐阜市

つまる↓肩がこる「えれー、肩がつまるわ」大垣市

つめをかう↓鍵をかける(美濃地方の「鍵をかう」と同じ)「うち出る時に確かつめかったと思うんやけんど、いっぺん見てきてくれんけな?」「さっき、つめかったか?」高山市「しっかり、つめをかって寝る」飛騨市

つもい↓窮屈できつい・ピッタリで苦しい「太ったもんで服がつもい」恵那市「ちょびっと太ったでズボンがつもくなった」富加町

つもう↓窮屈できつい・ピッタリで苦しい「ズボンが小さなって、つもなった」土岐市

つもご↓月末「昔、うちのじーさんは、つもごに掛け取り(集金)を済まして、夜はぞろとひきずりと一杯ありゃーご機嫌やった」岐阜市

つらって↓一緒に・連れだって「つらって、おいでよなー」飛騨市

つらまる↓支えにつかまる「ちゃんと、つらまっとりーよ」大垣市

(机を)つる↓(机を)運ぶ・そっと持ち上げて運ぶ・移動する「これから掃除するで、机つって」岐阜市「掃除をするで、机つってくれ」飛騨市(同)池田町・各務原市・北方町・岐阜市・神戸町・関市・高山市・美濃市・山県市・養老町など岐阜県内ほぼ全域。

つるっとこしょ↓全部「こないだ、うちの家にドロボーが入って、机の引き出しのへそくりをつるっとこしょと盗まれてまって、てーもねーことになっとった」岐阜市

つれ↓友だち・気の合う仲間・配偶者・相棒◆語源は古語の動詞「連（つ）る」の名詞形「連（つ）れ」。室町時代の「玉塵抄・十六」に例文が見られる。「○○君おらへんよ、さきがたつれと一緒にボーリングに行ったで」岐阜市「おりのつれやさー」飛騨市「おい○○、麻雀のメンバー揃ったで、はよこやー」「すまん、今つれとデート中やで、今日は行けーへんのやて」羽島市

て

でえこん↓大根「このでーこん、うんめーなー」安八町

でーれー↓とても、大変・ずい分「熱が出て、体がでーれー、えれー」養老町「ここからでーれー行くと、でーれー山があって、でーれー田舎やで」大垣市

できしっか↓出来しだい「その書類、出来しっか持ってくるんやぞ」池田町

てきない↓胸が苦しい・息が苦しい・身体がとても疲れた・つらい◆「てきない」は古語。物類称呼に「労して苦しむことを『せつない』といひ、又『じゅつない』といふを加賀(石川県)にて『てきない』と云」と記述されている。「病気でつらい・疲れた・苦しい」などの意味で、石川・富山・福井の北陸三県で使用されている「てきない」は、また飛騨地方などでも県境を越えて愛用されている。「せんせー、胸がてきないんやさ」高山市「走りすぎててきない」飛騨市「きのーからてきのーてな」高山市「朝から何かてきないんやで」郡上市「少し熱が出て、てきないで帰るさ」下呂市

できーへん↓出来ない「あんな難しい問題、出来ーへんかった」富加町

できやへん↓出来ない「こんなこと出来やへん」坂祝町

てくる・てくらかす↓ひっくり返る・ひっくり返す「おいおい、湯呑み、てくらかすなよ」可児市

ですこ↓おでこ「おめー、ですこ、ひれーな」御嵩町

でぬけている↓外出している・出て行っている「あ、もしもし、お待たせしました。課長の○○は今ちょっと出ぬけておりますが…」岐阜市

でべそ↓出たがり・目立ちたがり「あいつはでべそやであかんわ」土岐市

でほ↓口からでまかせ・でたらめ・めちゃくちゃ「あのじんは、いっつもでほなことばっか言っとるでかん」岐阜市（同）美濃市・川辺町

でほろく↓口から出まかせ・でたらめ「でほろく言ってたらあかんて」美濃加茂市

でるもんで↓出るので・出かけるので「これから会社を出るもんで、昼前に携帯にかけてくんせー」岐阜市

てれこ↓入れ違い「音が出ーへんともったら、配線がてれこになっとるわ」池田町

てれこけ↓全部・残らず・根こそぎ「水ばっかで、ちょっともそーめん流れてこーへんやなーか」「一番最初のじんが、てれこけ取っちまよーるもん」多

治見市

てれっと↓全部・残らず・根こそぎ「お兄ちゃん、お菓子をてれっと取ってまった」多治見市

でんがる↓転ぶ・転倒する「石ででんがった」東白川村「そんなにあわてると、でんがるぞ」中津川市

でんちこ↓ちゃんちゃんこ・袖なし丹前「冬はでんち着て、こたつにへーっとるのが一番やて」岐阜市「鼻水出しとるで、○○子にもでんちこ着せたれ」美濃市

てんでてんで↓めいめい勝手に・てんでばらばらに「この寄りえーは、いーっつもみんなてんでてんでにしゃべっとるで、話がまとまらんでかん」岐阜市「みんな、てんでてんでのこと言っとったら、話がまとまらんわな。今夜中に決まらんに」関市

てんぽ↓大変・とっても「あそこのマス寿司、てんぽ、うまかったな」揖斐川町（旧徳山村）

と

といつく↓つかまる「手すりにといついて、やっとで歩けるんやさー」飛騨市

とうぎ↓通夜◆語源は「夜伽（よとぎ）」・「伽（とぎ）」。「○○さんのばーちゃんのとーぎ、あしたの晩なんやと」高山市

どうしやす？・どうしやあす？↓どうなさいますか？「車？歩き？どーしやーす？」笠松町

どうぞこうぞ↓どうにかこうにか・何とか・人並みに↓「娘さん元気かな？」「どーぞこーぞやっとるがな」安八町「どーぞこーぞ学校を卒業できた」養老町「店の方、どーぞこーぞやっとる」岐阜市「どーぞこーぞ作業が終わった」海津市（同）美濃市

どうそのかっぱ※↓大嘘・嘘のかたまり「あいつは、自分で家を建てたんやなんて、べんこそー（生意気）なこと言っとるが、どうそのかっぱやぞ」郡上市

どうちゃく↓「横着」を強調「あの、どーちゃくどぼずが」本巣市

とうなご↓とうもろこし「とーなご余ったで持って行きないよ」下呂市

どえんけ↓いい加減・おおざっぱ・あてずっぽうなこと「どえんけなことをこくな」中津川市「あいつは、どえんけなやっちゃで」土岐市（同）恵那市

どえらい・どえれえ↓非常に・すごい・大変「どえれー暑い」神戸町「どえれーがんばった」関ケ原町「どえれーでかいビルやなー」池田町

どーどー・どーどーどー↓状況はどう？どーなってる？（テレビでサッカーや野球を観戦中の人に聞く）「どーどー？」「どーどーどー？」岐阜市

どきっつくらい↓大嫌い「きっつくらい」を強調「あのじん、どきっつくらい」岐阜市

どきにゃわん↓気に入らない人「ものも言いようとゆーけど、○○さはどえれー口がわりーで、どきにゃわんじんや」関市（旧洞戸村）

ときんときん・とぎんとぎん・ときとき・とぎとぎ・とっきんとっきん・とんとん↓先が鋭くとがっている状態「鉛筆をときんときんに削りすぎると、はよ

折れるで」富加町ほか

どくそだわけ※↓「たわけ」の最上級で救いようのない大馬鹿者。「給料は家に入れーへん。酒は飲みっからかす。ギャンブルは負けてばっか。このどくそだーけ！」岐阜市

どこぞかんぞ↓どこかに「○○はあかん奴やけど、どこぞかんぞにえーとこもある」岐阜市「わっちのメガネ、どこ行ってまった？ちっと前にどこぞかんぞに置いたぞ」岐南町「隣のじーさん、めーにち朝はよーから夜おそーまで、どこぞかんぞに歩いて行かっせるもんやで、顔みんのやわ」関市

どさない↓大丈夫「でんがった（転んだ）けど、どさないかよ」中津川市

どすけのかわ↓自業自得「おー、さぶ。風邪ひーてまったわい」「あたしの目を盗んで呑みに行くからじゃ。どすけのかわや」郡上市

どたわけ・どだわけ※↓大馬鹿者「そんなことをする奴は、どたーけや」美濃加茂市「あのどだーけが」本巣市（同）揖斐川町

とったかみたか↓あっという間に・すぐに・わずかの時間に「あのじんは、家へけーってきたと思ったら、とったかみたかにちゃっと出てってまったげー」岐阜市

とっちんばったん↓ちぐはぐ「あのじんは、よー、とっちんばったんなことを言っとんさる」岐南町

とっつく↓届く「まんだ背が低いでとっつかんわ」大垣市「天井に手がとっついた」海津市

とっぺ↓豆腐「おかずにとっぺをかってきたんやさ」飛騨市

とてこっこ↓にわとり（幼児語）「とてこっこにエサをやってくりょ」飛騨市

どてっぽうな・どてっぽな↓途方もない「どてっぽな家たてたなぁ」池田町

どにすう↓非常に弱い・非常に頼りない「うちの学校の将棋部は、どにすーでかんわ」多治見市

どばっち↓ざまぁ見ろ「なもん、どばっちやわ」大垣市

どぶつく↓くどい位ブツブツ文句を言う・陰でぶつくさ言う「あのじんは、よーどぶついとるで、うっとーしーでかん」岐阜市

どぶどぶゆう↓しつこく文句を言う・陰でブツブツ言う「○○さんは、上役にどえれー偉そーに言われてまって、たーけらしーでやっとれんわと、どぶどぶ言っとんさった」岐阜市「いつまでどぶどぶゆーとるの？」大垣市

どべ・どべくそ↓ビリ・最下位「寄り道してたら、どべになってまった」各務原市「今年もあのチームどべや」瑞穂市「運動会はいつもどべやった」岐阜市・「今年もどべやったんか？」揖斐川町（同）土岐市・羽島市・飛騨市・瑞穂市・美濃市

どべどん↓水泳「どべどんに行くのはえーけど、気ぃつけーよ」大垣市

どへんと↓大量に・たくさん「畑でとれたトマトをどへんともらった」美濃加茂市

どぼんこ・どぼんしょ↓こたつ・掘りごたつ「どぼんこにへーって、みかんでも食べよめー」岐阜市「かくれんぼして遊んどった子どもが、どぼんこの中でそのまんま寝てまって、探すのに大

騒動やったわ」関市

どむならん↓どうしようもない・困ったものだ「そやもんで、どむならんのやさー」飛騨市

どめっそ↓大ざっぱな・アバウトな「会計は、こまけー数字を出さんならんで、おまはんみてーな、どめっそなじんには向かんわなも」岐阜市

どもならん↓どうしようもない・困ったものだ「こんなもんばっかあっても、どもならんさ」下呂市「あいつは本当どもならんやっちゃ」高山市

どやろ?↓どうでしょうか?・どうかな?「あの人に話してみたらどやろ?」富加町

とろい・とれー・とろー※↓にぶい・のろい・愚かな「こんな時に、そんなとれーこと言っとったら、あかすか」岐阜市「おんしは、とろーやっちゃなー」土岐市

とろくさい・とろくさー・とろくせー※↓にぶい・のろい・愚かな「そんなとろくさいこと、言ったらあかん」海津市「とろくさーこと言やーすな」土岐市「とろくせーでだしかんのやさ」飛騨市「あのじんは何やってもとろくせーでいかん」美濃市「あいつまた回り道して、とろくっせーやっちゃ」安八町「とろくさいこと言うな」恵那市(同)白川町・御嵩町・本巣市

どんびき↓カエル「どんびき、捕まえた」高山市・飛騨市「へんびが、どんびきを、のみょーる」七宗町「どんびき、きめに(捕まえに)行って、でんがった(転んだ)」中津川市(旧付知町)

な

なあに↓いえいえ、いやそうじゃない「おまはん、ぐえーが悪そーやな?」「なーに、肩とひじが、ちょっとやめるんやて」美濃市

なあに、うんね↓違う「風邪ひいとるの?」「なあに、うんね」富加町

ないーんやて↓ありません・ないのです「大会の上位入賞者の副賞?そんなもん、ないーんやて」岐阜市

ないんやさ↓ありません・ないのです「あの本、売り切れてまって、ないんやさ」高山市

なかまして↓仲間に入れて「おりも、仲間してくれい」飛騨市

ながたん↓菜切り包丁◆野菜を切る時に使う刃が深く幅の広い包丁をいう古語「菜刀(ながたな)」が語源。「ながたんで、なすびを切ってちょ」羽島市

なけな↓なければ「この仕事は、あんたやなけな出来ん」海津市

なっからかす↓泣いてばかり・泣きまくる「あの子、泣っからかすわ」坂祝町

なっちょる↓なっている「柿がなっちょる」山県市

なっともない↓何ともない・大丈夫「ここに車とめていい?」「なっともないよ」白川村

なつみ↓春の山菜採り「なつみに行って、わらびをぎょーさん採ってきた」飛騨市

なにこく↓何を言う「なーに、こいとる」垂井町

なにー?↓何ですか?・どういうこと?◆岐阜弁らしく「に」を高く発音するイントネーションが特色。「あんたは、なんでこんなにだだくさにするの?」

「だだくさって、なにー?」岐阜市

なぶる↓さわる・触れる「机の上の本、なぶらんといてな」養老町「子どもは、危ないでなぶっちゃいかん」関市(同)岐阜市・各務原市・美濃市

なまか↓ずぼら・ものぐさ・怠け者・手抜き「なまか、しとったら、だしかんぞ!」高山市

なまかわ※↓ずぼら・ものぐさ・なまけ者◆古語の「なまかは」が語源。横井也有の『鶉衣・蔵人伝』に「物ぐさの蔵人と召されけるに、世には、なまかはの蔵人とも呼ぶ」と書かれている。「この作業、なまかわしたな?」白川町「うちの父は、なまかわや」関ケ原町「なまかわせずに、ちゃんとやりゃー」海津市「あのじんは、なまかわやで、あてにできーへん」各務原市(同)岐阜市・美濃市

なましい↓乾燥しきっていない「このきりぼし、なましいんやない?」美濃加茂市

なまど↓青大将(へび)「うちの屋敷には、大きななまどが住んどるよ」可児市

なもん↓そんなもの「なもん、無理やて」神戸町

なるい↓優しい・軽い・なだらか・柔らかい「今日のテストはなるかったなぁ」「この仕事はなるいなァ」岐阜市「この坂は勾配がなるい」大野町

なんぎ↓困難・苦労「難儀、こいたわ」八百津町

なんたら↓何という「何たら、にすー奴や」瑞浪市

なんたらこっちゃ↓何ということだ・どういうことだ「えっ、あれ忘れたの?なんたらこっちゃ」笠松町(同)羽島市

なんちゅうこっちゃ↓何ということだ「入社試験に履歴書を送ってきとらん?なんちゅーこっちゃ」山県市

なんでか↓色々「あの店は、なんでか、なんでか、あるよ」各務原市「欲しーもん、なんでか、言ってみやー。ぎょーさん買ってきちゃるで」多治見市(同)羽島市

なんなんな・なんなんなん↓歩き始めた幼児に励ましながら声をかける幼児語「○○ちゃん、あんよは上手、ここまでおいで、ナンナンナン!」岐阜市

なんねー?↓どういうこと?「今の説明、聞いとった?」「なんねー?」山県市

に

にいさま↓自分の姉の夫=義兄に対する丁寧な呼び方「ちーせーころ、にーさまにはどえれー世話になったで、わっちゃ、頭が上がらんのやて」岐阜市

にぎわしい・にいわしい・にんわしい↓賑やかな・栄えている◆古語の「にぎはし」および「にぎははし」から。平安中期の「宇津保物語国譲・中」にも見られる。「ファーストフード店やホームセンター、スマホショップ、車のディーラー、焼き肉店、ショッピングモール、回転ずしの店なんかが並んで、環状線沿いはにぎわしなったなも」岐阜市「関の本町商店げーも、昔は関の銀座通りと言ってよー、にいわしかったけど、今はどーやな、見てみんせー、シャッターばっかり降りとって、枯れ草通りとか年金通りとかって言われとるんやげー。さびしーこっちゃ」関市

にすい※↓にぶい・動作がのろまな・弱

い・ゆるい・不甲斐ない「うちの子、にすいでかんわ」川辺町・「お前は本当ににすいやっちゃなぁ」可児市・「冷房、にすくない?」山県市（同）池田町・岐阜市・中津川市・本巣市

にすくたい ↓弱い「にすくたい奴やなー」中津川市（旧付知町）（同）恵那市

にたくもじ ↓白菜やかぶらの漬物を煮たもので、冬場のおかずとして食べる飛騨の庶民の味。煮込むほどおいしく、冷たくてもおいしい。「この、にたくもじはうめーな」飛騨市（同）高山市

ににせる ↓干渉する「人それぞれ考えがあるで、おまはん、そーも他人のこと、ににせるんやねーて」関市（旧洞戸村）

にわる ↓賑わう「今日は祭りやで、町の中はにわってるんやさー」飛騨市「今日は二十四日市やったで、本町がにわっとたなー」高山市

ぬ

ぬくとい ↓あったかい・ほんの少しあったかい「今日はぬくとい日やなぁ」揖斐川町「ぬくといコーヒー下さい」富加町「ぬくとい恰好しときゃーよ」川辺町（同）安八町・各務原市・中津川市

ぬくとめる ↓温める「お湯をぬくとめてくれ」御嵩町

ぬべぬべ ↓ぬるぬる「とろろ芋とかオクラとかもずく、めかぶなんかのぬべぬべしたもんは栄養があるで食べなあかん」関市「とろろ汁を作ると、手がぬべぬべになってまって、かゆなるんやて」岐阜市

ね

ねえさま ↓自分の兄の妻＝義姉に対する丁寧な呼び方「おまはん、今日は一人やが、ねーさまはまめにやってござるかな?」岐阜市「ねーさま、そー、ごっつぉー作らんでもえーに。かまわんとくれんせー。まぁ、はよここへ座ってわしらと話ししよめー」関市

ねぐさる ↓腐る・腐敗する◆戦国時代から江戸時代にかけての記録「多聞院日記・永禄一一年五月」にも見られる古語の「根腐（ねぐさ）る」から。「ご飯がねぐさった」飛騨市「変なかざ（＝におい）がするけど何か、ねぐさっとらへんか」岐阜市（「ねぐさる」は県内ほぼ全域）

ねこじゃ ↓いたずら・やんちゃ「〇〇さんとこのいかい（＝大きな）ぼーは、ねこじゃこいて困ってまうな」中津川市（旧付知町）

ねさま ↓若奥様「ここのねさまは、やさしいなー」飛騨市

ねしま ↓寝る前「ねしまに、そーも食べたら太るであかんよ」富加町（同）美濃市

ねずみにひかれる ↓誰もいないと思ってネズミが天井を走り回るほど人気（ひとけ）がなくさびしい状態「誰もお客がおらへんで、ネズミにひかれそーや」池田町

ねたくる・ぬぬくる ↓ぬりつける・こすりつける「だれやー!?机の下にハナクソねたくった奴はー?コベコベになってまっとるげー」岐阜市

ねたぐる ↓ぬりつける・こすりつける「ハナクソを、ねたぐるなて、きたねーで」大垣市（同）本巣市

ねちこい ↓くどい「何べんも、同じこと

言って、ねちこいんやわ」関ケ原町

ねっか〜ない↓全く〜ない「この本は、ねっかおもしろうないもな」郡上市「この料理、ねっか、うもーないなぁ」郡上市

ねつらう↓狙う・狙いをつける「あの、おいしそーなパンを、ねつらっとった」大野町「年末年始は空気が乾燥しとるで、放火犯にねつらわれんよーに、気ぃつけやーよ」岐阜市

ねぶか↓ねぎ「すき焼きには、やっぱりねぶかやて」安八町

ねぶたー↓眠い「あかん、もーねぶたーで、寝るわ」瑞浪市

ねぶる↓なめる「箸をねぶるな」本巣市「犬に顔をねぶられた」恵那市

ねんぶし↓根・根っこ「家の前のアスファルト道路が、でこぼこになってまっとるけど、あれは、銀杏の木のねんぶしが伸びとったんやに」岐阜市

の

のいずりでる・のけぞりでる↓布団をはねて体が外に出てしまう「おめー、寝相が悪いでのいずりでんよーにしやーよ」岐阜市

のうならかす↓無くす・失う・紛失する「この本、貸したるけど、でーじなもんやで、のーならかさんよーにしやーよ」岐阜市「どっかで、のーならかいてまった」東白川村「あの人に色んなもん貸したっても、のーならかしてまって、ちょっとも戻ってこーへんで、まぁ、貸さんほうがえーよ」関市「鍵をのーならかしてまった」養老町（同）富加町・高山市・飛騨市

のうなる↓なくなる「誰がたべたのか、お菓子がのーなってまった」美濃市「財布がきのうからのーなった」富加町「こねーだ、買ってきたばっかの米やに、もーへーのーなってまった！よー食うなー」関市（同）恵那市・飛騨市

のくとめる↓あっためる「部屋をのくとめといたで」高山市

のこがふとい↓太っ腹・度胸がある・大胆「この不景気な時によーけ寄付させるとは、のこがふてーじんやて」「○○さは、のこがふてーで、将来大物になりんさるんやねーかな？」岐阜市

のみっからかす↓のみまくる「酒を飲みっからかいて、ぶっ倒れてまった」岐阜市

のりんさい↓乗りなさい「わっちの車に乗りんさい」富加町

ののさま・ののさま↓仏様「ののさまに参ってくる」八百津町

のんのんする↓合唱する・手を合わせて拝む・お参りする「仏壇のおじーちゃんにのんのんして」関市（同）山県市

のんぼり↓神社が祭礼の日に掲げる幟（のぼり）・鯉のぼり「八幡さまののんぼりを立ててきた」笠松町「善光寺にのんぼりを寄付する」関市

は

ばーっかな↓そんな申し訳ない・それはご丁寧に「お隣りに越してきました○○と申します。これ、ささやかなものですが、お近づきのしるしに（…と言いながらタオルなどを渡すと）「ばーっかな！」（という思いもかけない返事がかえってくる）多治見市

はーから↓ハイカラ「こんど来た娘さん、

なんちゅーハーカラやね」瑞浪市

ばいた↓薪（まき）「○○さん、そこのばいた取ってくろ」関市（旧板取村）

はいりゃー↓入りなさい「外は寒いで、はよ、家の中に入りゃー」海津市

はえー↓早い「はえー話し、けーしゃが倒産してまったんやて」岐阜市

ばがた・ばがたし↓夕方「ばがたにでかける」飛騨市

はがね↓ナイフ「ひなた（あなた）、はがね、けーちょくれ（貸して下さい）」美濃市（牧谷）

はくらん↓熱中症状態になる・頭が撹乱する。「こうも暑いと、はくらんするんやさー」飛騨市（神岡町）

はざこ↓①山椒魚「ハザコは口にへーるものは何でも食べてまうでな」美濃市◆県内では山椒魚の意味で「ハザコ」以外にも「アカラコ（中津川市）」「アンコ（中津川市蛭川・福岡）」「ヤマセコベ（郡上市明宝）」「ヤマカチ（白川町）」「ハンザキ（御嵩町）」と呼ばれている。②何でも食べる人・残り物を片づける人「おらー、ハザコやで何でも食うぞ」南飛騨

はしりやっこ・はしりゃんこ↓かけっこ「みんなであそこの公園まで、走りやっこして行ってそこで遊ばへん？」関市「駄菓子屋まではしりゃんこや、えか！」岐阜市

はすけー↓はすかい・ななめ「はすけーに字を書かっせるもんやで、読みにくーて」岐阜市「この額縁、ちょっとはすけーになっとって、みっともねーで、まっすぐ直しとくよ」関市

はぜる↓はじける・熟して割れる「ざくろ、もー、はぜとるな」大垣市「はぜるで、気ぃつけろよ」飛騨市

はだける↓散らかす「家に帰ったら、タンスん中がはだけとった」富加町

ぱちんこ↓めんこ「パチンコで遊ばんかな？」飛騨市

はっちゃない↓残念・淋しい・名残惜しい「おまん、あしたの祭りよ、中止なんやって」「はっちゃないんなぁ、みんなであんに早うから、まわししとったんやによ」郡上市

はながい↓交互に・入れ替わり「ブランコは、はながいに乗って、遊ばなだちかん」東白川村

はば↓仲間外れ◆語源は歌舞伎で全狂言中の主要ではない場面のことを「端場（はば）」と言うので、ここから転じたものか、あるいは「半端（はんぱ）」あたり。「自分だけはばにされた」海津市「あのじんは、近所ではばにされとっても、ちょーっともこたえてござらんに。寄りえーにもちゃんと出てござるし、自分から積極的に話さっせるでなも。えれーもんやて」岐阜市

ばばー↓汚い「服に食べもんつけて、なんちゅーばばー」多治見市

ばばい↓汚い「そこは、ばばいよ」各務原市「そんなばばいもん、はよ捨てな」下呂市「そんなことすると、ばばいでぇ、やめないよ」飛騨市「そんな、ばばい手で触ったら、あかんわ」七宗町

ばばける↓散らかす「ちょっと、はばけてまっとるもんで、上がってもらえんけど」下呂市

ばばさ↓おばあさん・老女・老婆「うちのばばさ、どえれー元気やぞ」垂井町「あそこのばばさは、気が短いでなー」飛

騨市「ばばさ、おまはん、まんだ夜中の三時やぞ。いっくら早起きでも、こんな人が寝とる時間にカネたたいて、お経あげるのは近所めーわくやで、やめやー」岐阜市

はや・へぁー↓早くも・もう・既に「はや、宿題すんでまったの？」岐阜市

はよ↓早く「はよー起きんと、遅刻するよ」山県市

はらほうず↓おなかいっぱい「味ごはんやったで、はらほーず食わしてもらった」美濃加茂市

ばらんばらん↓バラバラ「高さ、ばらんばらんやね」坂祝町

ばりかく↓爪でひっかく「猫にばりかかれてまった」各務原市「背中をばりかく」坂祝町「かさぶた、ばりかいたらあかんよ」岐阜市（同）北方町・美濃市・養老町

ばんげ↓夕方・夕食「ばんげのおかずにどーぞ」「ばんげのよてーは？」七宗町

ばんげしま↓夕方・夕暮れ・晩方・晩餉（ばんげ）「あかんてー。たーけしゃべりしとったら、まーへー、ばんげしまになってまった。晩ごはんのまわしせな」羽島市

はんちくたい↓①じれったい・はがゆい・悔しい・残念な・イライラする「お金、落としてまった。はんちくてーなー」②腹が立つ「〇〇にあんなこと言われてまって、あー、はんちくてー」①②とも高山市・飛騨市（代表的な飛騨弁）

ばんちょばんちょ↓良かった良かった（嬉しい時に叫ぶことば）「やったー！なもなも高校が駅伝優勝やー！ばんちょばんちょ！」富加町

ばんば↓木製の小さなスコップ状の雪かき「ばんばで雪遊びをする」飛騨市

ぱんぱん↓いっぱいの状態（「ぽんぽん」参照）「もー、腹がぱんぱん」「袋にぱんぱんに詰める」七宗町

ぱんぱん↓めんこ「〇〇君、ぱんぱんやろ！」多治見市・瑞浪市

ぱんひょう↓めんこ「ぱんひょー、やろっけ？！」安八町

はんぶはんちゃく↓途中で投げ出してしまうこと・中途半端・だらしがない「仕事は、はんぶはんちゃくにしたらいかんぞ」美濃加茂市「バーゲンやて言ったって、こーも肉や野菜ばっか買い込んで、どーするんや。はんぶはんちゃくにするんやねーぞ」岐阜市

ひ

びい↓女の子「うちは、びーが生まれた」白川村「あんたんとこのびーは元気か？」下呂市「おらんどこは、びーや」飛騨市（同）高山市

びいし（B紙）↓模造紙「そこのB紙に書いてくりょ」飛騨市「修学旅行のまとめをB紙に書かせました」瑞穂市・揖斐川町「ちょーねーけーの会計報告はB紙に大きく書（け）ーた方が分かりやすいに」岐阜市（同）揖斐川町

ひかひか↓乾きすぎた状態「外へ出しっぱなしにしといたら、ひかひかになってまった」富加町

ひきずり↓すき焼き「今夜はひきずりにしよめーか」岐阜市「今日食べたひきずり、うまかったなー」美濃加茂市「今夜のひきずりは、またうんめーなー」安八町（同）北方町

ひきだ↓ひきがえる「田んぼにひきだが

おった」七宗町

ひこつい↓気の利いた・洒落た「うちのよーな田舎のよろずやには、キティーちゃんとかミッキーマウスのキャラクター入りのノートみてーな、ひこついもんは置いてねーわな」関市

ひざかぶ↓膝（ひざ）「ひざかぶが痛い」白川村

ひさる↓下がる「家の塀は道から三十センチひさって建てたる」富加町

ひして↓一日「仕事が忙しいで、ひしてでも手伝ってくれんか」羽島市

ひしゃける・ひじゃける・へしゃける↓壊れる・つぶれる「缶がひしゃけとる」各務原市「車がひじゃけてまったわ」白川町（同）神戸町

ひずがない↓元気がない「なんや、今日はひずがないな」美濃市「どーしたんやおめー、せーきんひずがねーけど、彼女にでも振られてまったんか?」岐阜市「久しぶりに同級生の○○に会ったけど、ひずがねー顔しとって、ちょっと心配やわ」関市

ひたひた↓いっぱいの「ひたひたの水や」本巣市

びたびた↓①びしょびしょ「汗で服がびたびたになってまった」海津市②ひどく・大きく「きのうはパチンコでびたびたに負けた」富加町

ひだるい↓おなかがすいた・空腹・ひもじい◆日葡辞書にFidarui（ヒダルイ）と出ており安楽庵策伝の「醒睡笑」にも記述がある古語の「ひだるし」。「ひだるいで、こびるにせんかー」飛騨市「お母ちゃん、ひだるいわ、なんか食べるもの、ちょーだい」美濃加茂市

ひっさる↓引き下がる・よける「市の道路計画で、わっちんたの家もひっさったんやて」関市

ひっちゃく↓失敗「子どもが醤油こぼいたぐらい、そら、ひっちゃくやで、ごめんしてやんなれ」郡上市

ひっつきもっつき↓くっついている状態・境目などが不明瞭なこと「あの村とこの村は、境目がひっつきもっつきで、よー分からんね」池田町

ひっつけもっつけ↓くっついている状態・境目などが不明瞭なこと「わっちんた一緒になって、まーへー三十年やけど、母ちゃんと二人、ひっつけもっつけで何とかやってきたわ」岐阜市「A子とB子、学校行く時も、けーる時も、おまけにトイレまで、いーっつもひっつけもっつけやけど、仲がえーんやね」関市

びっちょ↓小さい女の子「よー、びーびー泣くびっちょやなー」「昔は、わっちも可愛いびっちょやった」岐阜市

ひとかわ（め）↓一重まぶた「うちのびー（小さい娘）、ひとかわやで、ふたかわ（二重）の人がけなるい（うらやましい）」岐阜市（同）北方町

ひとなる↓大きくなる・成長する・育つ・育てる◆語源は古語の「人成（ひとな）る」。「ずい分ひとなったねー、いくつ?」中津川市「お前んとこのぼー、ちょっと見んうちにひとなったなー」白川町「野菜がひとなったわ」恵那市「おじさん、このひよこ、ちょーだー」「にわとりになるまで、ちゃんとひとねなかんで」多治見市

ひどろい↓まぶしい「ひどろいで、窓しめよ」御嵩町

ひどろお↓まぶしい「ひどろーで、カーテンしめやー」土岐市

ひびり↓ひび「湯呑みに、ひびりん、いっとるな」西南濃

ひぼ↓ひも「段ボールをひぼでしばっといて」白川村（同）八百津町「靴のひぼ、ほどけとるぞ」土岐市

ひまざい↓何かの理由で貴重な時間や余分な労力を費やすこと「こんなこたー、ひまざいやもなー」飛騨市「この前は結婚式に出ていただいて、ひまぜーをかけました」羽島市「今日いちんち、ひまざえかけちまったのー、すまなんだ、ありがと」多治見市「このめーは、ひまぜーかけてまって、悪かったなも」岐阜市

ひやける↓水に漬ける「食べたら、食器ひやけといてーや」大垣市

ひやこい↓冷たい「首すじが雨でぬれて、あー、ひやこい」安八町

ひやひや↓こぬか雨の感触「雨がひやひやしてきた」池田町

ひりょうず・びりょうず（飛龍頭）↓がんもどき◆ポルトガル語のFilhos（フィリョース）が語源といわれる。江戸時代後期の蘭学者・森島中良がオランダ人に聞いた話やオランダの書をもとに記した「紅毛雑話」には「揚げものの一種。うるち米ともち米を等量に混ぜ、水を加えて練り固め、ゆで上げてから油で揚げたもの」とある。また江戸時代後期の風俗・事物辞典「守貞漫稿」には「豆腐をもとに作ったがんもどき」とある。「スーパーへ行ったらひりょーずも買ってきて、えか」関市

ひるまり↓昼「ひるまりゃー、のくてーなー」飛騨市

ひんなら↓それでは「ひんなら、ごぶれーします」可児市

ふ

ふうきる↓限度をこえて働きぶっ倒れる・過労死する「よー働く人やったけんど、山でふうきってまってさ。おぼれて（背負われて）やっとこさ下りといでたんやって」「そりゃうい（気の毒な）こっちゃったもな」郡上市

ぶうわ↓おんぶ（幼児語）「泣かんでもえーよ、ぶーわしたるで」美濃加茂市

ふすべ↓ほくろ・丸く黒い小さなしみ「四十過ぎたら、ふすべがいっぺー出てきてまったにー。ちゃんと手入れせな、いかんねー」関市

ふたよさ↓二晩「ふたよさも、帰らなんだなー」飛騨市

ぶちゃける↓こぼす「お茶をぶちゃけた」関ケ原町

ぶっとく↓放っておく「そんなもん、ぶっとけ」可児市「まーえー、ぶっときゃえーで、好きなよーにしとけ」瑞浪市

ぶっとる↓ぶっている・気取っている・もったいぶっている・体裁ぶっている「あそこのおじいは、ちょっと孫が東大にへーったと思ってぶっとるで、みんなつき合わんのや」関市

ふりまわす↓紛失する・無くす「おかしいなー、俺の時計どこへふりまわしてまったんやろー、分からへん」神戸町

ぶんたこ・ぶんだこ↓米の粉によもぎを蒸して入れ、あんこを包んで作った草

餅、小豆の入ったよもぎ餅(「ぶんたく・ぶんたこまんじゅう」と呼ぶ地域もある)「ぶんたこ作るで、よもぎ取ってきてー」瑞穂市「ぶんたこ作ってちょ」岐阜市(同)各務原市・関市(旧板取村)・多治見市

ぶんぶ↓水・湯水・お茶・お風呂(いずれも幼児語)「ぶんぶを持ってきてくりょー」飛騨市「○○ちゃん、このカップのぶんぶ熱いで、フーフーさましてから飲もうね」関市

へ

へぇ↓もう・早くも・既に「へー、5時かね?」岐阜市

へくさむし↓かめ虫「へくさむしに触ったもんで、くさいわー」飛騨市

へぐる↓めくる「カレンダー、へぐっといて」瑞浪市

へこにす↓弱虫・腰抜け「あんな子犬を怖がって、へこにすー奴やなぁ」瑞浪市

へす↓押す「おい、うしろからへすなよ」瑞浪市

へっあ↓やあ・おーい・こんにちは「へっあ、まめなかな?」「おろ、よしまでないんか」郡上市

へっさる・へっさがる↓引き下がる・よける「これこれ、ぼー。もっとへっさって。車がくると危ないがな」郡上市

べったり↓しっかり・ぎっしり「台風で稲がべったり倒れた」七宗町

べったんこ↓びしょぬれ「顔を念入りに洗っとるもんやで、毎朝パジャマも洗面台の床もべったんこやて」関市

へっつく↓ひっつく・くっつく「このノリ、よーへっつくなー」安八町

へねしい↓うらやましい・ねたましい(もちろんブランデーではない)「あの人、うまいことして、へねしいねや」池田町

へんねしい↓うらやましい・ねたましい「美人のA子さんと離婚したB夫さん、再婚相手が又べっぴんさんなんやて」「ほーかな、ほーら、へんねしー話しやなも」岐阜市

へぼ↓クロスズメバチ・地蜂「へぼの巣、食えるの知っとる?」中津川市

へぼめし↓へぼの幼虫・さなぎのたきこみご飯のことで、東濃地方の食文化。「見た目は、グロテスクだけんども、ヘボめしはどーらいうまいに。まぁいっぺん食べて見らっせ」恵那市(旧串原村)

へぼい↓弱い「おめーはへぼいで、すぐ負けるんやさー」飛騨市「心臓がへぼいもんで、坂はえらいわ」中津川市

へら↓舌「あっかんべーと舌をだしたんや」七宗町

へらかす↓減らす「もう少し減らかして」海津市

へる↓避ける・よける「車が来たでへって」白川町「うしろから車が来たで、へっちゃった」八百津町「車が来たでへりない」東白川村

べんこう↓生意気・出しゃばり「弁舌、また弁が立つこと。口が上手いこと」をいう古語「弁口(べんこう)」が語源とみられる。「あいつは、べんこーやなー」中津川市

べんこうな↓生意気「てめー、べんこーなこと言うなよ」高山市

べんこくさい↓生意気な「なに、べんこくさいこと、言っとんじゃ」高山市「あ

そこのぼーはべんこくさい」飛騨市「べんこくさいこと言って」東白川村

へんび→蛇「今日、へんびを見たよ」安八町「田んぼのあたりに、へんびがおったよ」七宗町（同）御嵩町

ほ

ぼいやい→おにごっこ「ちーせー頃は、よー、おめーんたと、ぼいえーやって遊んだもんやて」岐阜市

ぼー→男の子「ぼーが生まれた」白川村「○○さんの家のぼーは六歳になったしこやぞ」高山市「生まれた子は、ばーやったんやさ」下呂市「家の前にいるのは、わしんとこのぼーやて」岐阜市「どこのぼーや?あそこのくそぼーか」本巣市

ぼう→追う・追いかける「おりがぼうで捕まえてくれ」飛騨市「犬をぼったった」川辺町「締め切りにぼわれとるんやわ」岐阜市

ほうかね→そうですか・そうなんですか「明日は晴れるらしいよ」「ほーかね」山県市

ほうけ?→そうなの?「あの人、入院したんやって?」「ほーけ?」神戸町

ほうしると→そうすると「名古屋に九時に着かないかんのかな?ほーしると、うちを七時半頃に出てかな間に合わんなも」関市

ほうたがい→がっかりする・思わぬ事態になる・困ってしまう「この前、B子さんのお父さんに結婚の申し込みに行ったら、けんもほろろに追い返されてまった。」「ほーかね、そら、ほーたがいこいたねー」可児市（同）美濃加茂市

ほうたんぼ→ほっぺた「ほーたんぼが真っ赤やねー」東白川村

ほうや→そうだ・そうですよ「ほーやよ、ほやらー、俺の言った通りやらー」瑞浪市

ほうやらぁ→そうでしょう「ほーやらー、私もそー思う」美濃加茂市

ほかる→①捨てる・放る・投げる「これ、ほかるけど、えーかな?」飛騨市「あっちへほかりゃー」各務原市「そんなとこへゴミをほかったらいかんがね」岐阜市（同）海津市・北方町・関市・関ケ原町・瑞浪市・御嵩町・美濃市・養老町②放置する「ほかっとかずに、ちゃんと、まだじ（あと片付け）せーよ」飛騨市

ほうかる→捨てる・放る・投げる「石をほーかる」中津川市

ほてかる→捨てる・放る・投げる「そんなもん、ほてかっとけ」可児市「そんなとこへゴミほてかったら、あかんて」富加町

ほぎほぎする→ほろ酔い加減になる「久しぶりに酒のんだで、ほぎほぎっとしてきたなー」中津川市（旧付知町）

ぼた→田や畑の斜面の草「ぼたの草刈り、せならんな」高山市

ほちける→ほつれる「裾のとこ、ほちけとるがや」大垣市

ぼっこ→ボロ・ボロ布・古着・着古し「ぼっこを着る」羽島市（同）本巣市「かかしには、ぼっこでも着せときゃえーで」美濃市「いつもお兄ーちゃんのぼっこばっかやで、お正月ぐれーは、新しい服、買ってあげるで」岐阜市

ほとばかす→水に漬けて水分を含ませること「あした、ぜんざい作るんか?ほんなら一晩あずきを水にほとばしと

きゃー」岐阜市

ほとびる↓水に漬けすぎてふやける◆古語の「潤（ほと）ぶ」が語源。慶長年間に長崎で刊行した日本語学書『ロドリゲス大文典』に「Fotoburu（ホトブル）あるものが水で柔らかくなる」とある。「ラーメンがほとびてまったわ」本巣市

ほとべる↓浸（ひた）す・水に漬ける◆古語の「潤（ほと）ぶ」。「トマト、ほとべとくわ」八百津町「お茶碗、水にほとべといて」各務原市

ぼぼさ↓絵（幼児語）「ぼぼさ、かいてるのか？」飛騨市（神岡町）

ほや↓そうだ「ほや」「ほーや」土岐市・多治見市

ほやもんで↓そうだから・だから「ほやもんで、するやなーと言ったやらー」瑞浪市

ほやらー↓そうでしょう・そうだろう「あの店のチャーハン、ちょっと、しょっぱかったなー、ほやらー?」多治見市

ほりゃー↓それは「ほりゃー、すごいことや」坂祝町

ほんこ↓本気・真剣勝負「今日のメンコは、ほんこやで」岐阜市

ほんで↓それで「ほんで、どーした?」御嵩町

ほんなら↓それでは「ほんなら、ここでごぶれーします」土岐市

ぼんぼ↓木の実「もへー、南天のぼんぼ、なっとるなー」大垣市

ぽんぽん↓いっぱいの状態（「ぱんぱん」参照）「おなか、ポンポンになってまった」岐阜市「電車ポンポンやで、次のにしよめーか」岐阜市・美濃市「食べ過ぎてまって、おなかポンポンやわ」美濃市「駐車場ポンポンやな」池田町（同）北方町・関市・養老町

ほんや↓本家（ほんけ）「今日は帰りに、ほんやに寄るで」山県市「あそこは、ほんやも、あらやも、みんな仲がえーなも」岐阜市

ま

まあええ↓もういい「まーえーて」八百津町（同）笠松町

まあすん・もうすん↓もうすぐ・間もなく「あいつんたら、出てからまーへー三十分にもなるでえーかげん、まーすん来るやろ」岐南町

まあはい・まあひゃあ・まあへえ↓もう・早くも・すでに「あんなに沢山の宿題、まーはい、やってまったの?すごい集中力やねー」関市「まーへー三時半やぞ」岐阜市「あいつも、まーへー来るで、来たら行こか」安八町（「もうはい」参照）

まいこまいこ↓いつもいつも・毎度毎度「あの人は、まいこまいこ、おまんじゅう持って、うちに寄らっせるわ」関市

まいまい↓①くるくる回る・ぐるぐる回る「きんのーのてぁーふー（台風）は、九州のクロの方をめぁーめぁーしちょったなも」関市②かたつむり「（幼児に）〇〇ちゃん、あじさいの葉っぱに、まいまいがおるねー」関市

またじ↓あと片づけ・あと始末・整理「使ったら、ちゃんとまたじしとかな、だしかんぞ」高山市「ご飯が残って、もったいないで、またじしといた」高山市

まちんせー↓待って下さい・待ちなさい「おまはん、ちょっと待ちんせー」美

濃市

まちょうな↓まともな・満足できる・完全な・一生懸命・良く気が利く「この店は、まちょーな品、置いてないなー」中津川市（旧付知町）「あの人は、まちょーな人やな」高山市

まっかすけ・まっかしけ↓真っ赤「○○君、（酒を飲んで）そんなにまっかすけになって大丈夫か?」岐阜市

まっきっき↓黄色の「まっきっきん、なってまった」大垣市

まつご↓松の枯れ落ちた葉「くど（かまど）のたきつけにするで、裏山のまつご、かき集めてこやー」関市

まっと↓もっと「ご飯のおかず、まっとちょーだー」御嵩町

まつぼり↓へそくり・内緒の金・こっそり貯めたもの「いざという時のために、まつぼりしとかなあかんよ」美濃加茂市「昔は額縁の裏にまつぼり金が、よー、へーってたもんやて」関市「これ、家内に内緒のまつぼりやて」美濃市

まつり↓本来の「祭り」とは別に「祭りの夜の宴会」のことをいう「今晩、うちでまつりやるで、おめーもこんか」高山市

まどう↓つぐなう・弁償する「おまはんの店で、このめー買ったばっかの観葉植物が、へー枯れてまったで、まどってくんさらんかな?」岐阜市

まに合うじん↓役に立つ人「彼は間に合うじんやで頼んでみやー」本巣市

ままこい↓まぶしい「おまんた、こんにままこいに、よー運転しなれるんな」郡上市

ままやく↓迷う・うろたえる・狼狽する「あんまり難しいこと言うと、ままやいてまうよ」高山市「こっそり彼女とデートしとるところを、偶然会社の上司に見られたもんやで、ままやいてまったんやて」関市（旧洞戸村）

まめ↓元気・健康・丈夫・達者◆「まめ」は鎌倉時代初期の随筆「方丈記」に登場する古語。「まめかな?」高山市「まめやったかな?」飛騨市「まめにやっとるかね?」白川町「おばーちゃん、まめなかな?」美濃市

まる↓大小便を排泄する◆語源は「万葉集一六・三八三二」にも見られる古語の「まる」。大便の「クソ（糞）」は、「クソマル」のほか「タル（垂る）」や「ヒル（放る）」と言った。外国語ではタミル語のmal（尿する）が同じ意味と発音で対応している。「○○君、いまトイレでまっとるで」「誰を待ってるの?」多治見市「俺、うんこ、まってくるわ」白川村（幼児に）「しっこ、はよ、まりない」下呂市「しっこ、まってくるで、待っといて」瑞浪市

まるかる↓丸くなる・からまる「紙がまるかってまった」岐阜市

まわし・まーし↓準備・支度・用意・段取り「旅行に行くまわししといて」関市「はよ、まわしせなあかんて」本巣市・揖斐川町「あしたの会議のまわし終わっとる?」山県市「晩ごはんのまわし済んだ?」岐阜市「授業のまーし、しときゃーよ」川辺町「あしたの朝はやーで、今晩のうちにまーし、しとかなあかんよ」多治見市（同）池田町・揖斐川町・大野町・各務原市・北方町・神戸町・坂祝町・土岐市・東白川村・美濃市（飛騨地方では同じ意

味で「やわい」という）

まんくりする↓上手く都合をつける・やりくりする・用立てる「家を建てたいんやけど、自分ではよーまんくりしんで、おやじなんとかしてくりょ」高山市

まんだ↓また「まんだ食べとらんのか、はよせーよ」飛騨市「まんだちょっと早いようなんなぁ」郡上市「まんだ資料できとらんの？」池田町「まんだ、こーへんけどどうしてまった？」本巣市（同）八百津町

まんぽん↓いっぱいの状態「おなか、まんぽんになってまった」岐阜市（「ぱんぱん」「ぽんぽん」参照）

まんまんす↓まっすぐ「まんまんすに立て！」本巣市

まんろく↓まっすぐ・まともな「せーきんは、日本語もまんろくに話せん奴が多いでかん」岐阜市「まーちっと、まんろくなこと、やらないかんぞ」可児市

み

みいせん↓見ない「○○さん、見ーせんかった？」輪之内町

みえる↓来る・居る「もーすぐ、お客さん、みえるよ」関市「○○先生がみえたわ」白川町「社長、みえる？」岐阜市

みしょ↓見せて下さい「その本、みしょ」飛騨市

みじんこ↓ショウジョウバエ「みじんこ、飛んどるわ」揖斐川町

みすと↓見ないで「手帳、みすと行っちまったもんで、場所間違えたわ」多治見市

みのくー↓見にくい・見づらい「ほんなとこに看板立てると、標識が見のくーやらー」多治見市

む

むかぜ↓ムカデ「寝とったら、むかぜに食われてまった」七宗町

むくぞ↓ボロ（布）「むくぞに包んでおいた」可児市

むさらこい・むさらっこい↓汚い・むさ苦しい「ゴミの山が腐ってまって、むさらこいなぁ」美濃市「なんじゃー、むさらっこい恰好しよって」可児市

むずたく↓全然・全く「朝はよーから川にきちょるんやけど、今日はむずたく、釣れんのやて」関市（旧洞戸村）

むすばしと↓結ばないで「その洋服には、スカーフを前でむすばしと、タラーっと垂らした方がかっこえーんやないの？」関市

むでんに↓無性に「むでんに、はんちくてー（悔しい・残念・腹が立つ）」飛騨市

むりっと↓わざと「むりっと、やったんやて」本巣市

め

めこじき↓ものもらい「その目、めこじきになっとるんやない？」美濃加茂市

めちんぼ↓ものもらい「めちんぼが出来たで、いてーんやさ」飛騨市

めんぼ・めんぼう↓ものもらい「めんぼが出来てまった」岐阜市「また、めんぼが出来てまった」大垣市「目にめんぼが出来てまった」養老町「めんぼが出来て痛いんやわ」海津市

めっそ・めっそー↓目分量・大体の見当・

ざっと「今日集まったじんは、めっそで五十人やなぁ」岐阜市「あの棒の長さは、めっそーで二メートルぐらいや」大野町

めつぼにとる↓辛く当たる「あの課長に嫌われたらこわーよ、A君なんか、めつぼにとられとるで」多治見市

めどろい↓まどろっこしい・じれったい・はがゆい・テキパキしない「新しい店員さんやで、わっちのゆーことが分からんし、何回も聞きに行ったり、まー、めどろいでいかんわ」岐阜市

めめぞ↓みみず「めめぞをエサにして魚を釣る」七宗町

めらっべ↓成人した娘◆中世の「梵舜本沙石集七・四」に見られる古語「めらべ（女童）」や、「梵舜本沙石集九・一二」の古語「めらんべ（女童）」が変化したもの。古語の「めらべ」「めらんべ」も「めわらべ」「めわらんべ」（いずれも「女童」）が変化したもの。旧徳山村戸入には中世のことばが伝わり残存していたと言われる。「あの家にゃ、良いめらっべが出来たなー」揖斐川町（旧徳山村戸入）

めんくりたま↓目玉「びっくりして、めんくりたまが飛び出るわ」御嵩町

めんげらしい↓可愛い「この子は、めんげらしい子やなー」関市

も

もあいこ・もうやあこ・もうやいっこ・もうやっこ・もやいこ↓共有・共用・共同◆語源は古語の「催合（もやひ）」（＝共同して行うこと）とみられる。「おもちゃは、もーやーこで使やー」岐阜市「数が足りひんで、もやいこしょ」池田町「この道具もやいこで使お」海津市「お菓子はもーやっこせなあかんよ」岐阜市「チョコレートはもーやっこしよめー」美濃市「ポテトチップあるで、もーやっこしやー」北方町

もうええかい？↓もういいかい？◆「かくれんぼ」遊びの時に鬼とかくれる子どもたちのメロディーつきの短いやりとり。①「もーえーかい？」「まーだやよー」②「まーえーかー？」「まーだだよー」③「まーえーかい？」「まんだだよー」いずれも岐阜市。ただし今では共通語の「もーいーかい？」「まーだだよー」が広がっている。

もうはい・もうへえ・もうひゃあ↓もう・早くも・すでに「もーへー、そんな時間かな？」岐阜市「そんなもん、もーへー、出来上がっとる」本巣市（「まあはい」参照）

もじゃかる↓絡む「糸がもじゃかってまって、取れーへんがや」安八町

もじゃける↓作物が未成熟に育つこと「今年の苗はもじゃけてまったわ」可児市

もせる↓もろくなる・朽ちる・ぼろぼろになる「ひも先がもせてまってだしかん」下呂市

もちかにほす↓持て余す・手が足りない・我慢できない「頼まれた仕事が、どえれー多すぎるもんで、もちかにほいてまった」岐阜市

もちゃもちゃ↓むちゃくちゃ・めちゃくちゃ「あのじんが、話をもちゃもちゃにしてまった」岐阜市

もっとって↓持っていて「このカバン、

持っとって」坂祝町

ももた↓太もも「走りすぎて、ももたがいてー」飛騨市「筋トレしたら、ももたがパンパンや」各務原市「ブルマーやで、ももたがさびーでかん」岐阜市

もりこす↓水があふれ出る「風呂の水、もりこさんよーに、気ぃーつけてーよ」（同）羽島市・美濃市・北方町・大垣市

もりさ↓子守をする人「今日は、わしがもりさやさー」飛騨市

もん↓①物「これ私のもんやよ」郡上市②者「家のもんに言っておくでよ」郡上市

や

やあくと↓わざと・故意に「やーくと、やりそこなわんでも、えーら」東白川村

やくと↓わざと・故意に◆「やくと」「やくとう」は物類称呼に載っている古語。「やくとぶっつけた」飛騨市「やくとあんなことやったのか？」恵那市「おまはん今のやくとにやったやろ？」美濃市「やくとでそんなことしたのか？」中津川市（旧付知町）（同）岐阜市・関市・七宗町

やっくと↓わざと・故意に「あのごじん、やっくと負けたげな」可児市

やっこと↓わざと・故意に「あれ、やっことしたやろー？」御嵩町

やえる↓重なる・重複する「お土産、やえるといかんで、電話で聞いてみて」美濃加茂市「用事がやえてまった」各務原市「部屋の予約がやえてまっとるんや」池田町

やーこい↓柔らかい「やーこい餅じゃな」垂井町「この餅やーこいね」七宗町

やらかい↓柔らかい「赤ちゃんのほっぺは、やらかいなぁ」海津市「やらこーせんと食べれんわ」揖斐川町

やかむ↓熱くなる「フライパンが十分やかんでから、炒めること！」富加町

やぐう↓柔らかい・つくりが弱い「餅投げの台のつくり、大丈夫か、やぐなーか？」瑞浪市

やぐい↓こわれやすい・つくりが弱い「安いテーブルは、やぐいでいかんて」岐阜市「なんや、このやぐいつくりは」本巣市「この部分がやぐいな」海津市

やくたいもない↓役に立たない・らちもない・ためにならない・つまらない◆「無益である・らちもない・他愛ない」ことをいう古語「益体（やくたい）も無し」が語源。「やくてーもねーもんばっかやなも」美濃市「おめーはやくたいもない奴やなぁ」飛騨市「そりゃ、やくたくもないこっちゃったなァ」下呂市

やしきまわり↓青大将・蛇「このめー、床下に屋敷まわりがおったんやけど、あれは家のお守りなんやて」岐阜市

やだべー・やだびー↓嫌だ「こんなこと、もー、やだべー」輪之内町

やったかん↓やってはいけない。「その計画はやったかん」（「したかん」ともいう）可児市

やったろか↓やってあげようか「町内会の資源回収、一緒にやったろか？」坂祝町

やっちょいて↓やっておいて・やって下さい「ほんなら、あんばよー、やっちょいて」岐阜市

やってみんせー↓やってごらん・やって

みて「あんたんたも、やってみんせー」岐阜市

やっとかめ ↓ 久しぶり「やーとかめやねー、元気やった？」岐阜市「あらー、やっとかめやにけ、元気にしとったか？」下呂市「あれ○○さん、やっとかめやに」中津川市「何年ぶりかなぁ、やっとかめやねー」本巣市「おじーちゃん、やーとかめやなも」美濃市（同）池田町・揖斐川町・大野町・北方町・笠松町・東白川村・養老町

やっとらっせる ↓ やっていらっしゃる「ここは、シニア世代が観光ボランティアをやっとらっせるんやて」岐阜市

やっとりゃー ↓ やっていらっしゃい「ちゃっと宿題やっとりゃー」岐阜市

やにこい ↓ やりにくい・うっとうしい・扱いにくい・嫌な・不潔な「あのじんと話しとると、いーっつも一言多いんやて。やにこいでかん」岐阜市「やにこいやっちゃな」池田町「そんなやにこい話は聞きとーないわ」可児市「あのじんは、やにこい人や」笠松町

やにこー ↓ やりにくい・うっとうしい・扱いにくい「今日苦情言ってきた、にーさま、やにこーでかんわ」多治見市

やまのおっさま ↓ 猿のこと。猿害に悩む飛騨で農業を営む人たちは「おらんどこの畑でゃ、山のおっさま、トマトとナスァ手に取るだけで、食わんのやぞ」とか「山のおっさま、カボチャ持って行ぐんで、おごったら、そこにほがつけて逃げて行ぐんじゃぞ。わりゃ、どむならんさ」と嘆く。高山市（旧上宝村）。県内では他に「山の隠居」とか「山の若い衆」と呼ぶ地域もある。

やめる ↓ 手足などが相当痛む・歯がうずくように痛む・しみるように痛む「怪我したところが、やめてやめてしよーがない」池田町「ここんとこ冷えるもんで、足がやめるんや」岐阜市「やけどして、手がやめるんやさ」高山市「体の節々がやめてかなわんのやて」本巣市「腰がやめるんや」白川村「先生、虫歯がやめてやめて」岐阜市「こないだ擦ったところが、やめてやめて仕方がない」大垣市

やらしい ↓ 不愉快な・嫌な・ひどい「細かいこと指摘して、あいつはやらしい奴や」高山市「あんなことで怒るなんて、やらしい人やな」飛騨市「あのじんは、ちょっとやらしいとこがあるで、気を付けた方がえー」富加町「どいやらしいじんやねー」本巣市

やらなかん ↓ やらなきゃいけない「あれは、予定通りやらなかん」（「しなかん」「せなかん」ともいう）可児市

やらへん ↓ ①やらない・しない「そんなこと、やらへん」七宗町②あげない「あんたにはやらへんで」七宗町

やらん ↓ やらない・何もしない「自分から何もやらん新人やなー」御嵩町

やりっからかす ↓ やりまくる・徹底的にやる「○○さんは、何でもやりっからかすんやよ」美濃市

やりのええ ↓ やりやすい「おまはんのやりのえーよーにやってみよ」多治見市

やりゃー ↓ やりなさい「ちゃんとやりゃー」岐阜市

やりゃこりゃ ↓ あべこべ・逆・さかさま「せーきんは、男女がやりゃこりゃになってまっとることが、ぎょーさんあ

るわ」岐阜市

やろまい ↓ やろう・やりましょう「近所の人んたで、一人暮らしのお年寄りの見守りをやろまい」岐阜市

やわい ↓ 準備・支度・用意・段取り◆飛騨地方の「やわい」は美濃地方の「まわし」に相当する。福井県、富山県でも使われている共通方言。「そろそろ田植えのやわい、せなならんなぁ」高山市「祭りのやわいをせんならん」飛騨市「今度の日曜日、屋台やわいやで、たのむな」高山市

やわう ↓ 準備する・支度する・用意する「資料はやわったか?」高山市「バーベキューの炭、やわっといて」白川村「夕飯、わわんならんで、これでゴブレーするわ」高山市「早う、やわわんと遅れるよ」下呂市「ちょっと、やわうで待っとって」中津川市（旧付知町）

やんがらかす ↓ いじめる「おーちゃく坊主が、弱い者をやんがらかすでかん」関市

やんだす ↓ 前に出す・出っ張る「お兄ちゃん、こたつの中で、そんなデカイ足、やんだしなれんな、邪魔やもん」郡上市

ゆ

ゆうだっつぁま ↓ 雷・いなびかりの状態「空を見るとせーが、こりゃ、ゆーだっつぁまがござるぞ」岐阜市「空を見ると、ゆーだっつぁまが、ござるなー」関市

ゆうなび ↓ 夜なべ・夜の仕事「これ、ゆーなびで作ったんや」美濃市

ゆうまり ↓ 夕方「ゆーまりにゃー帰ってくるさー」飛騨市

ゆうらしい ↓ のんびりした「○○さんは、いつもゆーらしーじんやて」美濃市「あの子は、ゆーらしー子やで、ほんと」関市

ゆきばば ↓ 雪虫「ゆきばばが飛んどるで、こりゃ、もーへー雪も近いぞ」中津川市（旧付知町）

ゆきまたじ ↓ 家の前の雪かき・屋根の雪おろしなど雪のあと片づけのことで、飛騨地方特有のことば◆高山市では毎年十二月になると、市の広報誌で除雪計画が発表され、「雪またじのお知らせ」が掲載される。「○○町の人は宮川の□□橋の下流側に雪を捨てて下さい」など具体的な指示が書かれている。「雪またじ、済んだかなぁ〜」（大雪の翌朝などに飛騨の人たちが交わす昔からの定番的な挨拶）高山市

ゆくとさいが ↓ 行くと・行きますと「この道をまっすぐ行くとさいが…」笠松町

よ

よう、おんさった ↓ ようこそ、いらっしゃいました「よー、おんさったなぁ」揖斐川町

ようけ ↓ たくさん「みかんがよーけなった」海津市「野菜よーけとれたねー」坂祝町「よーけ持っとるやないか」揖斐川町

ようさん（「ぎょうさん」の短縮バージョン）↓ たくさん「今年は米がよーさんとれた」富加町

ようさ ↓ 夜・夜中「あしたは、よーさになると会えるよ」笠松町「よーさ、花見に行こまいか」岐阜市「また、よーさに遊びにおいでよ」七宗町

ようでもない ↓ 役に立たない・無意味な

「よーでもない事言って、かんにんな」下呂市

ようさり→夜・夜中「もー、よーさりになるで、帰れよ」中津川市(旧付知町)「よーさりのしごとぁーえらい」東白川村

よさり→夜・夜中◆「枕草子」に「十四日夜さり、雨いみじう降れば…」とあり、「夜・夜分」を示す古語。「よさり、飲まんけな?」高山市

よっころ→よほど・よっぽど「あの人は、よっころ頭にきとったとみえて、一言もしゃべらんと行ってまわしたわ」関市

よったいな・よってえな→いい加減な・下らない・おかしな・変な・他愛もない「よったいなこと言っとったらかんよ」各務原市「よったいなこと言いよる」高山市「おい、よったいなこと、するなよ」七宗町「よったいな人間やな」北方町(同)岐阜市

よったような→いい加減な・下らない・おかしな・変な・他愛もない「よったよーな男に娘はやれん」岐阜市「よったよーな話しやなー」山県市「よったよーなことばっかし言っとると、だーれも相手にしてくれんよーになるよ」多治見市「よったよーなこと、いっちょるんやねー」関市「あの男はよったよーなじんやな」美濃市

よでくそもない→大したことではない・下らない「よでくそもねー話、長々としとるなー」関市

よど→よだれ「このぼー、よどたらかしとるで、はよ拭いたって」岐阜市「よど、たらかすな、みっともない」美濃加茂市

よどかけ→よだれかけ「このびー、よどまるけやで、よどかけ、かけたりゃー」岐阜市

よばり→数え年「○○君のおばーちゃんは、よばりの九○歳になったげな」岐阜市

よばる→呼ぶ・招く・招待する「今度のパーティーに○○さんも呼ばろかな?」「呼びんせー」岐阜市

よばれる→招待される・ご馳走になる「夕食に呼ばれる」関ケ原町「お土産にもらった栗きんとん、よばれよっかな」山県市

よんで→下さい・分けて下さい「手に持ってるおまんじゅう、一つよんで」瑞穂市「たばこ一本、よんで」池田町

よぼる→呼ぶ・声をかける「兄ちゃん、はよ、よぼってきてーや」大垣市「そしゃー、あとで、呼ぼるさー」飛騨市

よめさ→嫁「あそこのよめさは、よー気がつくんやさー」飛騨市

よめらかす→嫁に出す「長女と次女は嫁らかしたが、まんだ三女が残っとるもんで」瑞浪市

よめり→嫁入り「隣のよめりを見に行こめーか」羽島市

ら

らくんない→うるさい・騒がしい「朝から、らくんないCDかけっからかいたら、だしかんぞ」高山市(旧丹生川村)

らしもない→乱雑な・散らかっている・だらしがない「そんなとこにおらんと、らしもないけどちょっと上がりんせー」富加町

らっしもない→乱雑な・散らかっている・だらしがない◆「でたらめである・乱

雑でめちゃくちゃだ」という意味の古語「臈次（らっし）も無し」が語源。日葡辞書にも「Raxximonai」と記されている。「らっしもねー部屋やなー」岐阜市・神戸町「庭が草ぼーぼーでらっしもない」池田町「やることなすこと、らっしもねーなー」垂井町「部屋がらっしもねーで、片づけなあかん」池田町・（同）大野町（「ざっしもない」参照。ほかに「らっしゃもない」「だっしゃもない」もある）

らっしょもない↓乱雑な・散らかっている・だらしがない「らっしょもない恰好して、だしかんさー」飛騨市

られからかす↓興奮してはしゃぎまくる・暴れまくる「（愛犬に）そーも、られっからかいたら疲れてまうわ」美濃市（同）各務原市

られくる↓あわてる「お客さんが予定より早よござったで、わっちゃ、まんだ着替えとらんし、られくるってまったに」山県市（同）岐阜市

り

りきむ↓怒る↓「じーさん、ささいなことで、ほうも（馬鹿に）りきましるなー」中津川市（旧付知町）（同）関市（旧板取村）

りょって↓料理して「わなで捕まえた猪をりょって、ニンニクと醤油で下味をつけて、焼き肉にしよまい」瑞浪市

りんりん↓窮屈・きつい・ピッタリで苦しい「去年買ったこの服、へー、りんりんになってまった」岐阜市（「リキリキ」や「きつい」「きもい」も同じニュアンス）

ろ

ろっぺ↓びく・魚を入れるカゴ「げんさ、どーやて？」「今日はボーズやねーぞ。そこにろっぺがあるで見てみやー」西南濃（同）岐阜市・中濃　県内では「ろっぺ」のほかに、「ろっぴ、ろっぺかご、どっぺ、どんべかご、びご、びくあじか、てんぺつ、えびご、じゃかご」などの呼び名がある

わ

わかれや↓（本家に対する）分家「あのじんは、先月結婚しんさったで、今はわかれやに住んでござる」大垣市

わけなし↓宴会などの最後に料理などを残さないこと。「目の前のお酒、ご馳走は、わけなしでお願いします」（お決まりの締めの挨拶）白川村

わこみえる↓若く見える「あの人、わこ見えるね」八百津町

わっち↓私・俺「何でもわっちに聞いてくんせー」関市「わっちはきれー好きなんやて」岐阜市

わっちゃ↓私は・俺は「わっちゃ、せーきん太ってまって、ズボンがきもなったわ」岐阜市

わっちんた・わっちんたー↓私たち・俺たち「わっちんたは長良川の上流の美濃町の生まれなんやな」美濃市「わっちんたーは、こーゆーものです」坂祝町

わむ↓踏み込む「わっちゃ今日は一日中畑をわむんやて」関市（旧洞戸村）「人が真剣に話し合っとるところへ、勝手に

わむんやねー」関市（旧洞戸村）

わや↓失敗・駄目になる・無茶苦茶◆「わやく」を略した語い。「台風で畑の野菜がわやになってまった」海津市

わやく↓無理なこと・聞き分けのない・やんちゃ・無茶苦茶◆古語の「枉惑（おうわく）」に由来すると言われる。「この子はほんとわやくな子やったで育てるのが大変やった」関市

わやくい↓聞き分けのない・やんちゃ・無茶苦茶「この子は、わやくい子やなー」恵那市

わらかす↓割る「好きやったあのコーヒーカップをわらかしてまった」笠松町「茶碗をわらかしてまった」飛騨市

わりは・わりゃー↓お前は・あんたは「わりゃー、たけ（＝たわけ）かー」飛騨市

わんぞ↓わがまま・行儀が悪い「子どもの言うことばっか聞いとると、わんぞな子になってまうぞ」中濃地方「うちの娘、わんぞな恰好してご飯食べとるもんで、ちゃんと食べやーって注意しちょるんやが」中濃地方「超わがままなじんは「どわんぞ」と呼ばれるので気をつけちょくんせー。

わんだ↓あなた・お前「わんだ、今日はトレーナーにジーンズで、休みなんか？」郡上市（旧高鷲村）

わんなる↓悪くなる「テレビ、わんなってまったなー」大垣市

その他

〜かしゃん？↓〜しても良いのだろうか？「これ、食べてもいーかしゃん？」輪之内町

〜がや↓〜だろう？「いま、言ったがや」神戸町

〜からかす↓〜しまくる・徹底的に〜する「酒を飲みっからかいて、ぶっ倒れてまった」岐阜市「くっさー、屁をしっからかすな」瑞浪市

〜ぎし↓〜だけ「こんなことしてるのは、自分ぎしや」本巣市

〜くりょ↓〜して下さい「こっちに、ほかってくりょ」高山市（同）飛騨市

〜くれんさい↓「〜下さい」の丁寧な表現「どーぞ、大事にしてくれんさいよ」高山市（同）飛騨市

〜くれんかやぁ↓〜下さいませんか「あの本、面白そーやで、読んだあと貸してくれんかやぁ？」笠松町

〜げー↓〜だよ・〜よ「自動販売機と壁のせべーとこに、五〇〇円玉が転がってまったげー」岐阜市

〜げな↓〜らしい・〜だそうだ（伝聞）「〇〇さん、十時にござるげな」八百津町「きのうあの子と歩いとったげな」川辺町「〇子さん、岐阜大学に合格したげな」美濃加茂市（同）瑞浪市・御嵩町

〜（して）ござる↓〜（して）いらっしゃる「〇〇さんは、今週出張してござる」美濃市

〜さ↓人名のあとの「〜さん」を略した愛称。「太郎さん↓たろさ」「次郎さん↓じろさ」「青山（あおやま）さん↓あおさ」「岡田さん↓おかさ」「木村さん↓きーさ」「鈴木さん↓すーさ」「棚村さん↓たなさ」「塚本さん↓つかさ」「西村さん↓にっさ」「前田さん↓まえさ」「山田さん↓やまさ」「亀山さん↓かめさ」「野村さん↓のむさ」「渡辺さん↓なべさ」など。

岐阜市および周辺「繁敏（しげとし）さん→しげさ」「源助さん→げんすけさ」郡上市

~さいが・~さえが→~と・~すると（ほとんど意味のないつなぎ的なことば）「わっちが会社に行かんとせーが、仕事が回ってかんのやて」「そー思っとるのは、おまはんだけやて」岐阜市（以下は坂祝町がかつて敬老の日にも実施していたヘリコプター・ふるさと上空飛行に参加したおばーちゃんの感想コメント）「初めてでも別におそげーことはなかったなも。上空に上がるとせーが、坂祝は小っちゃい町やったわ。国道21号を走っとる車もよー見えた。木曽川は、さすが国定公園やて、えー眺めやった。ふるさとを空から眺めると、こんなふうに見えるのかと感無量やった。嬉しかったし、童心にけーった。出来りゃーもー一回乗って、十二分に味うぇーてーもんや」坂祝町

~しちょんさる→~していらっしゃる「おまはん、何しちょんさるんやな?」美濃市

（~して）みえる→（~して）いらっしゃる◆岐阜県を含めた東海地方の方言敬語。しかし「~してみえる」という人が県内全域で圧倒的多数のため、方言敬語と気づかない人が多い。岐阜人にとって「~していらっしゃる」は気取った、かしこまったような感じがするので、カジュアルな郷土の敬語「~してみえる」に軍配が上がるのである。「○○さん、せーきん活躍してみえるね」岐阜市「いま打ち合わせをしてみえるがね」関市「会議のまわしをしてみえるんやわ」八百津町「○○さん、どこの会社に行ってみえるの?」高山市「ちょーど今こちらに向かってみえます」恵那市「○○さんの奥さんは、いつもきれーにしてみえるよ」安八町「課長は東京に出張に行ってみえます」郡上市「いま何してみえるの?」多治見市「係長は、電話してみえるんやさー」白川村「○○さんは、いまコピーを取ってみえるよ」大垣市「いま電話をかけてみえるんやよ」東白川村「○○さん、外食してみえるのかね?」各務原市「去年から民生委員をやってみえますよ」輪之内町

~しといて→~しておいて「おまはんにまかせるで、計算しといてくんせー」関市

~しとき→しておきなさい「えらいやろうから休んどき」大垣市

~しとった→~していた「ご飯、作っとった」川辺町

~しとらっせる→~していらっしゃる「パソコンに文章を入力しとらっせる」川辺町

~しとる→~している「いま勉強しとるで、あとにして」関市

~しやぁ→=しなさい・~したら?「このまんじゅー、うまーで、食べやー」土岐市

~しやぁす→~しなさい・~して「しっかり、しやーす」輪之内町

~しやぁす→~される・~なさる「先生がテキストを読みやーす」土岐市

~しようる→~しつつある（英語のｉｎｇ）・~している「いま行きよーるとこやで、もーちょっと待っとって」中

津川市「勉強?今しよーるて」川辺町

～しよめー↓～にしよう「夏休みの旅行は沖縄の離島にしよめー」岐阜市

～せい↓～しなさい「おまはん、ちょっと待ちんせー」美濃市

～だいも↓～ですか?「その人は何だいも?」羽島市

～（して）ちょ↓「シャーペン、貸してちょ」養老町「とりあえずビールちょ」岐阜市（同）北方町

～ちょる↓～している◆中濃地方特有の「ちょる言葉」で頻繁に使われる。「おまはん、今何をやっちょんさるんやな?」「ちょーど今昼ごはん食べちょるんやな」美濃市・関市

～つ↓～づつ「この店のコーヒー代、割り勘にしよめーか。そーすると、三八〇円つになるで頼むんな」岐阜市

～っつぁ↓「～さん」の変形で軽い敬称。「勝っつぁ、やっとかめやなも」「守一っつぁ、まめにやっとるかな?」美濃加茂市ほか

～ったる↓～してあげる「貸してみ、やったるで」揖斐川町

～なお↓～ね（「なも」とほぼ同じ）「今日は、別院の藤まつりもあるでなお、出てきたんやわな」羽島市

～なも↓～だね・～ね◆語尾の「～なも」は名古屋市の河村市長が得意とする名古屋弁の独占物ではない。愛知県尾張地方と岐阜県美濃地方が共有する特産品なのである。美濃市の伝統芸能「美濃にわか」では美濃流にこなれた「なもことば」が聴かれる。（「にわか」の台詞から抜粋）「今日は、えー天気で小倉公園の桜も満開やなも」「ほーやなも」「美濃祭りには、タイの人が五千人、台湾の人が一万人、中国の人が三万人ござったなも」「タバコは一本も吸わんなも」「最近は忙して休みが全然ねーなも」「このご恩は一生かけて返すでなも」美濃市

～なもし↓～ですよね・～だね「そーやなもし」本巣市

～なれ↓～しなさい（行動を促す）「早う行きなれ」「落ち着いて寝なれ」郡上市

～ばか↓～ばかり・～ほど・～ぐらい「もー、五分ばか待っとって」安八町「オレンジを三つばか、くんさらんかな?」美濃市

～ばっか↓～ばかり・～だけ「〇〇さんは冗談ばっか言っとんさる」岐阜市「俺ばっか少ないで損や」羽島市

～へん↓～ない（否定・打消し）「もー行けへん」「誰もやらへん」海津市「そんなことは出来へん」神戸町

～ま↓人名のあとにつけて愛称として呼ぶ「良和（よしかず）↓よしま」「吉太郎（きちたろう）↓きちま」「春恵（はるえ）↓はるま」「敏夫（としお）↓としま」「英一郎（えいいちろう）↓えいちま」「洋（ひろし）↓ひろしま」「春雄（はるお）↓はるま」郡上市「太郎（たろう）↓たろま」「次郎（じろう）↓じろま」「美恵子（みえこ）↓みえま」「敏彦（としひこ）↓としま」「健治（けんじ）↓けんじま」「晴子（はるこ）↓はるま」「翔太（しょうた）↓しょうま」「久子（ひさこ）↓ひさま」「洋（ひろし）↓ひろま」高山市

〜まいか → 〜しましょう・一緒に〜しよう「これから遊ぼまいか」笠松町「いい天気やで、出かけよまいか」中津川市

〜(して)まった → 〜(して)しまった ◆岐阜県・愛知県の特徴的な過去形表現。「まーへー、こんな時間になってまった」海津市

〜まるけ → 〜だらけ・〜まみれ「長いこと掃除しとらんかったもんで、ほこりまるけやわ」多治見市「今日はチョー暑いで、汗まるけや」岐阜市「玄関、ゴミまるけやねー」北方町・関ケ原町・養老町・輪之内町「田んぼにおったで、どろまるけだわ」恵那市「正月はやっぱりごっつぉーまるけやなー」羽島市(昔)「昨日の晩、雪よーけ降ったで、駐車場の車、雪まるけなんやさー」高山市・白川村「お前んとこの庭、草まるけやないか」岐阜市・海津市「お盆でおっさまがお経をあげちょるけど、台所は子どもまるけやなも」美濃市「あいつ、肥溜めにはまって、ウンコまるけやったわー」大垣市(昔)「えぁーかわらず、この部屋はほっこりまるけやなー」関市

〜やぁ → 〜しなさい・〜してはどう?「遊びゃー」「来やー」「しやー」「食べやー」「やめやー」瑞穂市(同)岐阜市

〜やから → 〜だから「これ、好きやから、ちょーだい」山県市

〜やさ → 〜だよ「ここが高山のメインストリート、本町通りなんやさ」高山市

〜やっちゃ → 〜です・〜だよ「台風で畑やられたんやっちゃ」白川村

〜やっちょる → 〜している・〜やっている「なに、やっちょんさるの?」

〜やて → 〜だよ「今日は、休みなんやて」岐阜市「今日のご飯、カレーやて」「うそやて」「なんでやて」瑞浪市

〜やで → 〜だから「明日は日曜日やで、どっか行こ」海津市

〜やと → ①〜だと・〜なら「この時間やと、店もあいとるなぁ」海津市②〜だそうだ(伝聞)「あの子、コンクールで賞を取ったんやと」海津市

〜やもんで → 〜だから・〜ので「どーしても好きやったもんで、あのケーキ食べてまった」富加町「うちのペットは猫やもんでさー」白川町

〜やよ・〜やお → 〜だよ・〜ですよ「○○さんのとこ、赤ちゃんがうまれたんやよ」白川村

〜やらー? → 〜でしょう?「これ、よー、似とるやらー?」関市「誰でも、そー、言うやらー?」川辺町

〜ようる → 〜しつつある・〜している「静かにして、もー、寝よーるで」瑞浪市

〜らっせる → 〜(して)いらっしゃる「今お客さんが来とらっせるで、静かにしないかんよ」中津川市

〜(して)りゃーす → 〜(して)いらっしゃる「誰としゃべってりゃーすか分からん」川辺町

〜(して)りゃーた → 〜(して)いらっしゃった「お客さんと話してりゃーた」川辺町

あとがき

共通語の広がりによって、全国各地に根付いていた方言が、予想以上のスピードで姿を消しつつある。岐阜県内でも方言の「やっとかめ」が使われず、共通語の「久しぶり」と言う人が増えているのは、学校教育で共通語を学び、ＮＨＫや民放の共通語放送を見たり聴いたりし続け、方言の「やっとかめ」が伝えられていないのと、知っていても使わない世代が増えているためとみられる。

こうした全国的な方言離れの中で、ささやかではあるが、岐阜県、滋賀県、静岡県の大学や短大などで私が担当する「日本語表現」分野の授業の時に、クラスの学生たちと同数程度の地元の老人クラブ連合会のお年寄り（男女）の方々に、学校の教室に足を運んでもらい、学生たちにそれぞれ美濃町弁や近江弁、遠州弁などを伝授してもらった。

学生たちは、初めて耳にする方言や珍しい表現に驚いたり笑ったりしながら、教室で聞き取った地元の方言を冊子にまとめるなど、地域のことばと向き合う貴重な機会になっている。学生にとっても、お年寄りにとっても、この珍しいコミュニケーションの機会は、お互いに新鮮で充実していて見ていても楽しそうだ。特に先生役を務めるお年寄りたちは、日頃接触することがほとんどない若者たちとの交流に笑顔が絶えず、方言ならお任せとばかり、自ら資料を準備する人も何人か見られたほどである。

方言を知り、学ぶことは、大学生や短大生たちにとっても悪くはないが、むしろ言語形成期の子どもたちにとって、より重要だ。人間の言語形成期は世界共通で、五〜六歳から十一〜十三歳頃（ほぼ小学生の間）に育った地域の①語い、②語法、③音韻、④アクセントの四要素が自然に身につく。その人にとっての母語である。これは成長して東京の大学に進んだり、会社の転勤で関西で生活したりすることで、他の地方のことばの影響を受けたとしても、母語はほとんど変わりなく、その人の生涯の友となるのである。

それ故に出身地の母語は子ども時代から大切にされなければならない。しかし今の子どもたちは、地元の方言を学ぶ機会がほぼないに等しい。方言を次の世代に伝えるためには、今なら子どもたちとお年寄りと学校教育を結ぶ方法が考えられると思う。

方法や形態はともあれ、小中学生を対象にした学校教育の中で、それぞれの地方の方言を学べる機会を増やし、充実させることが求められている。方言の宝庫のようなお年寄りから、方言を学習する授業をカリキュラム化してみてはどうだろうか。そのようなことも含めて、本書『岐阜弁まるけ』が、地域の方言を見直し、考えるきっかけになることを期待している。

本書を上梓するに当たり、多くの方々にお世話になった。第一章の「岐阜弁おもしろエピソード」に登場する四十名の皆さんには取材に快く応じていただき、様々な岐阜弁にちなんだ文字通り面白く楽しい体験談をご紹介いただいた。これに関連して、拙著『岐阜弁笑景スペシャル』からの一部エピソードの転載については、出版元のサンメッセ（株）からご快諾をいただいている。

第四章の「岐阜のことば小辞典」では、岐阜県内各地の代表的な方言や使用例などについて、各市町村の教育委員会や各地在住の個人の方々にもご協力いただいた。安八町をはじめ池田町、

揖斐川町、恵那市、大垣市、大野町、海津市、各務原市、川辺町、北方町、可児市、岐阜市、岐南町、下呂市、神戸町、坂祝町、七宗町、白川町、白川村、関ケ原町、関市、高山市、多治見市、垂井町、土岐市、富加町、中津川市、東白川村、羽島市、飛騨市、瑞穂市、瑞浪市、御嵩町、美濃市、美濃加茂市、本巣市、八百津町、山県市、養老町、輪之内町の県内全市町村（教育委員会、図書館、公民館、広報情報課、議会事務局、商工課）の皆さんのお力をお借りした。

また各地方出身および在住の個人としては、安八町の日比野宗夫さん、大垣市出身の方言研究者・杉崎好洋さん、旧徳山村の自然や村人のくらしを、いにしえの香りのする戸《と》入《にゅう》のことばで伝えていただいたおばあちゃんカメラマンの増山たづ子さん（故人）、笠松町の同町文化協会会長および岐阜学会理事でジャーナリストの高橋恒美さん、岐阜市のシンガーソングライター・青山武彦さん、郡上市の歌人・白瀧まゆみさん、映画「郡上一揆」で方言指導に当たった同市の上野道子さん、下呂市の季刊「ましたむら」編集人の斉藤洋司さん、関市のフリーアナウンサーで関弁の宝庫・岩田伸子さん、高山市の元教員、ボランティア団体「飛騨高山ふるさとガイド事業団」の元リーダーで、歯切れよく格調高い飛騨弁で歴史・文化から「くもじ」まで紹介していただいた種蔵泰一さん（故人）、同市のヒッツＦＭ「飛騨の歴史再発見」の案内人で岐阜学会理事の長瀬公昭さん、同市のヒッツＦＭ記者兼ナビゲーターの宮ノ下浩一さん、羽島市の元同市図書館館長で職員時代に羽島市方言をまとめた並河晴夫さん、同市の岐阜放送ディレクター・竹林良樹さん、飛騨市の福山良子さん、同市神岡町出身のジャーナリスト・溝脇昭人さん、瑞浪市の美濃源氏フォーラム事務局本部理事長で明智光秀ゆかりの地連絡協議会副会長の井澤康樹さん、美濃加茂市の元NHKアナウンサーで東海学園大学名誉教授の高野春広さんに、地域のことばについての多様な情報を提供していただいた。

このほか、当初からこの本の企画にご賛同いただいた風媒社の山口章社長および同社の新家淑子さんにも、何かとお力添えをいただいた。また長いお付き合いになる本来グラフィック・デザイナーの福田たまきさんには、本のイメージにマッチしたあったかくて楽しいイメージの表紙とイラストを提供していただいた。ご指導やご協力をいただいた多くの皆さんに、改めて心からお礼を申し上げる次第である。

二〇一九年八月一日　　神田卓朗

参考文献

岩淵匡・佐藤美智代（2002）『日本語の源流』青春出版社
井上史雄（2001）『日本語ウオッチング』岩波新書
小林隆（2006）『方言が明かす日本語の歴史』岩波書店
佐藤亮一（2010）『全国方言辞典』三省堂
真田信治（2005）『方言の日本地図～ことばの旅』講談社＋α新書
真田信治・友定賢治（2008）『地方別方言語源辞典』東京堂出版
真田信治（2009）『大阪のことば地図』和泉書院
山東功（2013）『日本語の観察者たち』岩波書店
柴田武（2005）『ことばのふるさと見いつけた』ベスト新書
柴田武（2010）『日本の方言』岩波新書
杉本つとむ（2014）『東京語の歴史』講談社学術文庫
竹内俊男（1982）『東海のことば地図』六法出版社
田中章夫（2012）『日本語雑記帳』岩波新書
徳川宗賢（1996）『日本方言大辞典』（上巻・下巻・別巻）小学館
徳川宗賢（2010）『日本の方言地図』中公新書
中村幸彦・岡見正雄・坂倉篤義（1882～1999）『角川古語大辞典』（五巻）角川書店
野村剛史（2013）『日本語スタンダードの歴史』岩波書店
堀井令以知（2004）『大阪ことば辞典』東京堂出版
堀井令以知（2006）『京都語を学ぶ人のために』世界思想社
前田勇（1999）『江戸語の辞典』講談社学術文庫
牧村史陽（2004）『新版・大阪ことば事典』講談社
馬瀬良雄（2003）『信州のことば』信濃毎日新聞社
松本修（1993）『全国アホ・バカ分布考～はるかなる言葉の旅路～』太田出版
山下好孝（2004）『関西弁講義』講談社
山田達也・山口幸洋・鏡味明克（1992）『東海の方言散策』中日新聞本社
吉澤義則（1933）『校本物類称呼諸国方言索引』立命館大学出版部

【岐阜県関係】

岩島周一（1996）『飛騨の方言』高山市民時報社
奥村三雄（1987）『岐阜県方言の研究』大衆書房
加藤毅（1994・1995・1998）『日本のまん真ん中・岐阜県方言地図』（第1集・第2集・第3集）岐阜県老人クラブ連合会・岐阜県方言研究会
神田卓朗（1997・2000）『岐阜弁笑景スペシャル』『岐阜弁笑景スペシャル パート2』サンメッセ
杉崎好洋・植川千代（2002）『美濃大垣方言辞典』美濃民俗文化の会
平山輝男・下野雅昭（1997）『岐阜県のことば』明治書院
山田敏弘（2017）『岐阜県方言辞典』岐阜大学
可児市総務部企画調整課（2000）『かに弁スペシャル』
木戸脇周三（1992）『懐かしい飛騨の言葉』サンケイ
自費出版編集センター
岐南町歴史民俗資料館（1999）『ふるさとの方言と遊び』
小南守郎（1998）『ふるさとの民俗と歴史・ふるさとの俚言集』付知町青川フェニックス 大学専門講座
鷲見玄次郎（1997）『岐阜県の関の方言集』私家版
多治見市編集委員会（1974）『多治見のことば』
辻下栄一（1997）『上石津の方言・ふるさとのことば』上石津町教育委員会
内木茂（1997）『わが郷土・美濃町ことば』私家版
並河晴夫（2010）『羽島弁の覚書帳』私家版
二村利明（1998）『馬瀬村の方言』馬瀬村の歴史4
東白川村教育委員会（2009）『東白川村なんでも百科（ふるさとのことば改訂版）』
飛騨木工連合会（2003）『新・飛騨の匠のものがたり』
古蔵孝（1999）『垂井の方言（垂井の文化財第23集）』垂井町文化財保護協会
瑞浪市経済部商工課（2018）『ここらへんの言葉（東濃弁まるわかりブック）』
米山英一（1996）『ふるさと不破のコトバ』不破出版文化協会
渡辺均（2017）『美濃加茂地区方言集』美濃加茂市民ミュージアム

［著者略歴］

神田 卓朗（かんだ・たくお）

大阪市阿倍野区出身。元岐阜放送アナウンサー。元岐阜女子大学文化創造学部教授。皇學館大学、豊橋技術科学大学、岐阜県立森林文化アカデミー、浜松学院大学などの元非常勤講師。専門分野は日本語表現。にわか学会委員。岐阜学会前代表委員。美濃市史編集委員会民俗部会委員。著書に『笑いの芸能にわか』『岐阜弁笑景スペシャル』『岐阜弁笑景スペシャル・パート２』『三重弁やん』がある。つボイノリオさんの元放送禁止ヒット曲「金太の大冒険」に登場する神田さんのモデル。岐阜市在住。

◎装幀・本文イラスト

福田 たまき（ふくた・たまき）

岐阜県関市出身。グラフィック・デザイナー。本書『岐阜弁まるけ』の装幀デザインおよびイラストを担当。東京でグラフィック・デザイナーとして活動後、現在は岐阜県を拠点に活躍中。自治体や企業などの各種デザインを手がけている。筆者とは20数年来コンビを組んでいる間柄。同県各務原市在住。

岐阜弁まるけ

2019年10月1日　第1刷発行　　（定価はカバーに表示してあります）

著　者　　神田　卓朗
発行者　　山口　章

発行所　名古屋市中区大須1丁目16番29号
電話 052-218-7808　FAX052-218-7709
http://www.fubaisha.com/
風媒社《ふうばいしゃ》

乱丁・落丁本はお取り替えいたします。　＊印刷・製本／モリモト印刷
ISBN978-4-8331-1554-4

神田卓朗
三重弁やん
定価（1,300＋税）

元民放局アナウンサーの著者が、三重県人のアイデンティティーとして県内各地で使われている三重弁にスポットを当て、分かりやすくまとめ、解説した肩のこらない故郷のことば再発見の一冊。

美濃飛騨古地図同攷会　伊藤安男 監修
古地図で楽しむ岐阜
美濃・飛騨
定価（1,600＋税）

地図から読む〈清流の国〉のいまむかし――。多彩な鳥瞰図、地形図、絵図などをもとに、そこに刻まれた地形や地名、人々の営みの変遷をたどると、知られざる岐阜の今昔物語が浮かび上がる！

今井春昭
岐阜地図さんぽ
定価（1,600＋税）

地図に秘められた「ものがたり」を訪ねて――。観光名所の今昔、消えた建物、盛り場の変遷、飛山濃水の文学と歴史の一断面など、地図に隠れた知られざる「岐阜」の姿を解き明かしてみよう。

日下英之
街道今昔 美濃路をゆく
定価（1,600＋税）

かつてもいまも伊吹山と共にある15里7宿の美濃路。大名や朝鮮通信使、象も通った街道の知られざる逸話や川と渡船の歴史をひもとく。より深く街道ウオーキングを楽しむために！

吉川幸一
岐阜の山旅〈飛騨〉
定価（1,500＋税）

人気の山から、知られざる名峰まで。豊かな自然と悠久と歴史にめぐまれた〈山の国〉飛騨の最新登山ガイド。

林上
飛騨高山
地域の産業・社会・文化の歴史を読み解く
定価（2,200＋税）

閉ざされた自然環境にありながら、古代から畿内と、近世には江戸と深いかかわりのあった飛騨高山。地理的隔絶性がユニークな文化を育み、独自の社会を発展させた飛騨高山地域の魅力を読み解く。

久保田稔・中村義秋
写真でたどる
木曽三川いまむかし
定価（1,400＋税）

島崎藤村が命名した橋、濃尾地震で発生した地震湖、伊勢湾台風で現れた薩摩義士の甕棺……いまは豊かな流れを私たちの前に見せてくれる木曽三川には、かつてどのような人間模様と川の姿があったのか。